大日如來
密教之主

V a i r o c a n a

大日如來，

是密教最根本的本尊，

他的智慧光明能遍照一切處，

開啓我們本具的佛性智慧，

護佑我們遠離黑暗的無明煩惱，

除去慳貪邪見等，

一切障難自然消滅，

獲得自在如意、慈悲智慧圓滿。

《守護佛菩薩》出版緣起

　　《法華經》中告訴我們，諸佛是因為一大事因緣，而出現在世間。這個大事因緣，就是諸佛幫助眾生開示悟入佛陀的知見，而臻至究竟圓滿成佛。

　　因此，諸佛出現在世間的主要因緣，就是要守護我們，讓我們能夠安住於生活中修持，最後如同他們一樣圓滿成佛。

　　人類可以說是所有六道眾生中，造作行為的主體，因此人間的發展，也影響了天人、阿修羅、餓鬼、畜牲、地獄等其他類別眾生的因緣方向。所以，在佛法中的教化，雖然傳及法界眾生，但最主要還是以人間為中心。

　　因此，佛菩薩們雖然化身為無量來度化眾生，但是守護人間還是根本的重點。佛菩薩們守護我們，當然是以法身慧命為主，讓我們能夠開啟智慧，具足大悲心，而圓滿成佛。

　　在修行成佛的過程中，佛菩薩們總是扮演著如同師父、師母、師長的角色來守護、教導我們，甚至會如同兄弟姐妹一般隨身提攜。讓我們不只在遇到災患憂難的時候，能息除災難、增加福德，進而更生起吉祥的喜樂；並且當我們一時忘失修從正法菩提、遠離善友時，也能時時回正守護著我們，讓我們遠離眾惡邪侵，體悟隨順正法，而趣向無上菩提。

其實不管我們生活在任何時間、任何處所、佛菩薩們都永遠的護念著我們、守護著我們，沒有一時一刻忘失我們這些宇宙的浪子。因為守護著人間、守護著我們，正是佛菩薩的大悲心懷，所自然流出的本願。

許多修行人時常提倡要憶念諸佛、修持念佛法門，這實在是最有功德及效能的法門之一。但是如果就真實的現象看來，其實諸佛菩薩是永遠不忘失的憶念著我們，而我們卻時常忘記念佛。

所以，當仔細思惟佛菩薩的願力、慈悲、智慧、福德時，才憶想起我們是多麼幸福，受到那麼多的祝福與護佑。如果能理解到這樣的事實，必然發覺到有無數的佛菩薩，正準備幫助我們脫離苦難而得致喜樂、消除災害、增生福德，並能夠修行正法，具足慈悲、智慧而成就無上菩提。

世間的一切是依因緣而成就，而在法界無數的佛菩薩中，有些是特別與人間有緣的。為了彰顯這些佛菩薩大悲智慧的勝德，也讓大眾能思惟憶念這些與人間有緣的佛菩薩，而感應道交，得到他們的守護。因此，選擇了一系列與人間特別有緣，並具有各種特德，能濟助人間眾生離災、離苦、增福、增慧的佛菩薩，編纂成《守護佛菩薩》系列，讓大眾不只深刻的學習這些佛菩薩的法門，並更容易的受到他們的吉祥守護。

祈願《守護佛菩薩》系列的編纂，能幫助所有的人，能

快樂、吉祥的受到這些佛菩薩的守護。而二十一世紀的人間
也能快速的淨化，成爲人間淨土，一切的眾生也能夠如願的
圓滿成佛。

大日如來──序

　　大日如來（梵名 Mahā vairocana 或 Vairocana，藏名 Rnam-par-snaṅ-mdsad-chen-po）漢譯又稱作毘盧遮那、盧舍那、光明遍照、遍一切處、廣博嚴淨等名。

　　在密教中，敬奉大日如來為眞言密教的教主，並稱此佛為「大日如來」或「摩訶毘盧遮那佛」，並以之為金剛界與胎藏界曼荼羅的中心本尊。

　　由於密宗供奉毘盧遮那佛為教主，所以密宗又名為「大日宗」或「毘盧遮那宗」。該宗又以五方五佛來顯示諸佛的智慧體性，並有金剛界、胎藏界的分別。

　　在金剛界中的五佛為大日如來（毘盧遮那）、阿閦佛、寶生佛、阿彌陀佛、不空成就佛。這五佛以大日如來為中心，分別象徵法界體性智、大圓鏡智、平等性智、妙觀察智、成所作智。所以，這五佛又稱為五智如來。

　　而胎藏界五佛，則中央仍為大日如來，其他四方四佛則為開敷華王如來、無量壽如來、天鼓雷音如來、寶幢如來等四如來，也象徵如來的五智。

　　胎藏界大日如來代表理，是大日如來的理法身；而金剛界大日如來表智，是大日如來的智法身。胎藏意指如來大悲的理世界，為成佛的根源，宛如成佛的母胎，乃為因位；金剛界就精神的意義而言，就是摧壞煩惱，把降伏煩惱的智

慧，論爲「金剛」表示其堅固不壞，代表著如來智的世界，是爲果位。但是此二身畢竟不離，所以爲理智不二，因果平等的世界。

不過大日如來（毘盧遮那佛）這個名號，在不同的宗派詮釋之下，其譯名及意義，在佛教的各個宗派之間，用法並不統一。

如華嚴宗以「毘盧遮那」爲蓮華藏世界的教主，也是含容十方諸佛，顯示超越一切眾相的佛法自身的法身佛，法相宗以「毘盧遮那」爲釋迦牟尼佛的自性身；而天台宗以之爲釋迦牟尼佛的法身；而密教則如同上述，奉之爲眞言密教的教主。當然以密教而言，大日如來是法身佛。

此外，大日如來的名號，依《大日經疏》卷所記載，有三種意義：(1)除暗遍明義；(2)眾務成辦義；(3)光無生滅義。

本書在內容上，希望能讓讀者，全面了解大日如來的各種樣貌，在第一部分，將大日如來的相關因緣，做了完整介紹。此外，也希望讀者，能在大日如來的加持下，得到世出世間的成就，所以在第二部中介紹了大日如來的基本修法，以祈請大日如來的守護。並且加入了大日如來相關的經典，讓大家更能深入大日如來的世界，而圓滿成就無上的菩提智慧。

在本書中，我們以無比的誠敬心意，祈願能顯示大日如來小分的無上深智，雖然我們的智慧有限。但是我們終將這

Vairocana
大日如來

一部《大日如來》編輯完全。除了上供大日如來及無量諸佛之外，我們也祈願大家能歡喜這一本《大日如來》，並能依此而趣入大日如來的無上大智海，並得到無盡加持，而圓滿世出世間的一切事業。所有讀者能一切願滿，光明幸福，最後圓證無上菩提。

祈願這本書，能讓大眾與大日如來結下無上的法緣，並永遠受到大日如來的加持導引，最後與大日如來，圓成無上的光明遍照無上正覺。

在此深深的祈願：

廣大的遍照光明　是每一位眾生的心

無上的大智慧海　是每一位眾生的意念

眾生的身、語、意　空了、淨了、光明了

是大日如來的身、語、意　吉祥了、圓滿了、遍照了

就像無盡的大日一般光明

像水精一般的明透　彩虹一般的無實

眾生的身、語、意　就是大日如來的身、語、意

大日如來的身、語、意　遍照明成了眾生的身、語、意

南無　大日如來　讓我們合掌共相一如的遍照成就

南無　大日如來　現成的法界

大日如來……

普願法界呈祥，大眾安住在大日如來的清淨體性，圓滿成佛。

目　錄

第一部

密教之主
——大日如來

密教奉大日如來爲眞言密教的教主，
並以之爲金剛界與胎藏界曼荼羅
的中心本尊

Vairocana
大日如來

━━━▶ 公元前約 2500
年

§ 釋迦牟尼佛於摩竭提國
的菩提道場宣說《華嚴
經》

密教之主：大日如來

第一章　光明遍照的大日如來

　　大日如來以如來的智慧光明，遍照一切處，開啓眾生本具的佛性與善根，成辦世間、出世間的事業成就。

　　毘盧遮那佛（大日如來）的梵名 Vairocana 或是 Maha Vairocana，西藏名爲 Rnam-par-snaṅ-mdsad，又寫作毘盧舍那、毘樓遮那、吠嚧者那，具體稱爲毘盧舍那佛、毘盧遮那如來，有時稱爲盧舍那佛，或簡稱舍那。意譯爲遍照、光明遍照、遍一切處、大日遍照、淨滿、三業滿、廣博嚴淨等名。

　　按梵語 Vairocana 是在由「輝」或「照」之義的語根 ruc 轉化而來的，rocana 之前加上 vai（vi 的變化）之語，即意味「附屬於太陽者」或「太陽之子」等。翻譯爲遍照或光明遍照翻譯可以說是依此義而來的。

　　又 virocana 是在上述的 rocana 之前加上 vi 之語，是「有光輝者」的意思，即意味著太陽或太陽神。又 rocana 是「光輝」「光照」之義，可能是省略 virocana 或 vairocana 的前接詞，以用作同義者，總之，此語與「太陽」有關是不爭之事。《大日經疏》以「毘盧遮那」爲日的別名，也是依此義

Vairocana
大日如來

➤ 佛曆約 604

公元 60～200

§般若經》、《法華經》、

《華嚴經》、《無量壽

經》等初期大乘經典成

立

■ 世間、出世間

　　世間即世俗、凡俗的意思。指被煩惱纏縛的三界及有為有漏諸法的
一切現象。又因「世」有遷流的意思，「間」為間隔的意思，所以與「世
界」同義，包含有情與國土（器世間）二者。

　　關於世間的分類，有二種、三種的分別。據《俱舍論》卷八等舉出
二種，即：(1)有情世間，又作眾生世間、有情界。指一切有情眾生。(2)
器世間，又作物器世間、器世界、器界、器。指有情居住的山河大地、
國土等。

　　相對於含有世俗意味的「世間」而言，超越世間者，則稱出世間（出
世），故於菩薩階位、智、禪定等立世間與出世間的分別。

■ 劫海

　　「劫」原是古代印度婆羅門教極悠長時限的時間單位，而佛教沿用
之。在《八十華嚴》卷二中，以大海的水量比喻劫數之多，稱為劫海。

而來。

大日如來名稱的意義

依《大日經疏》記載，大日如來的名稱有三種意義：

(1)**去除黑暗遍照光明的意義**：這是所謂世間的日光有方位時分，唯有在白晝放光，而如來的智慧日光則不是如此，能遍照一切處，作廣大的照明，完全沒有晝夜內外的分別。

(2)**一切眾務皆能成辦的意義**：太陽行於世界，一切的草木、生物都能各得增長，而世間的眾務也因此而成辦；如來的光明遍滿照耀整個法界，也能開發眾生們的善根，一切世間、出世間的事業都能由此而成辦。

(3)**光明無生滅的意義**：當我們看不見太陽時，是因為太陽被烏雲遮蔽了，而不是太陽不存在了；而且太陽也不是我們看見時才出生。而佛心之日也是如此，雖然被無明的烏雲所遮障，但是對於佛心之日卻無所減損，而當我們安住於究竟實相的圓明無際時，也無所增加。

因為有這三種意義，所以世間之日不可為喻，只是取其少分相似，再加上大名，因此稱為「摩訶毘盧遮那」或「大日如來」。

據《一切經音義》卷二十一記載：「毘盧遮那，案梵本毘字，……（中略）此云種種也。毘盧遮那，云光明遍照也；言佛於身智，以種種光明，照眾生也。或曰毘，遍也；

Vairocana
大日如來

➡ **佛曆** 952

公元 408

§ 支法領攜胡本《華嚴經》
與佛馱耶舍抵達長安

大日如來以智慧光明遍照一切處（中台八葉院）

盧遮那，光照也；謂佛以身智無礙光明，遍照理事無礙法界也。」依本經的記載毘盧遮那原為太陽之意，象徵如來智慧光明的廣大無邊，由於歷經無量劫海的菩薩修習功德，而得到無上正覺的佛果。

關於大日如來的別名，《金剛頂經義訣》為「佛菩薩眼如來」、「諸佛菩薩母」、「諸佛菩薩最上廣博清淨藏」，《理趣經》稱「無量無邊究竟如來」，《施諸惡鬼法》名「廣博身如來」。

毘盧遮那佛（大日如來）的異名為光明遍照，很清楚地張顯出大日如來的特德，即是以如來智慧的光明遍照一切處，開啟我們本具的佛性與善根，成辦世間、出世間的事業成就。

大日如來在各宗派與經典中的位置

在真言密教中，毘盧遮那佛（大日如來）是最根本的崇敬對象，他以普賢菩薩、文殊菩薩與賢首菩薩等無量淨土菩薩、世主為眷屬。

一般所稱的「華嚴三聖」即是指毘盧遮那佛、普賢菩薩和文殊菩薩，由於《華嚴經》中的毘盧遮那佛或同於釋迦牟尼佛，所以「華嚴三聖」亦可指釋迦牟尼佛、普賢菩薩和文殊菩薩。

依《大日經》的記載，大日如來又化現成普賢菩薩、執

$Vairocana$
大日如來

➤ 佛曆 965

公元 421

§ 佛馱跋陀羅譯《大方廣
佛華嚴經》六十卷

■ 《華嚴經》

　　《華嚴經》又稱為大方廣佛華嚴經、雜華經，乃大乘佛教的重要經典之一。

　　「大」即包含的意思；「方」即軌範的意思；「廣」即周遍的意思。亦即總說一心法界的體用，廣大而無邊，稱為大方廣。「佛」即證入大方廣無盡法界者；「華」即成就萬德圓備的果體的因行譬喻；故開演因位的萬行，以嚴飾佛果的深義，則稱為佛華嚴。總之，「大方廣佛華嚴」為所詮釋的義理，而「經」則為能詮釋的言教。

　　《華嚴經》係如來成道後的第二十七日，於菩提樹下為文殊、普賢等上位菩薩所宣說的自內證法門。

　　《華嚴經》內容記述佛陀的因行果德，開顯出重重無盡、事事無礙的妙旨。《華嚴經》雖然出自於印度，然而在印度卻未發揮出《華嚴經》最高的玄旨，直至中國成立華嚴宗，方才發揚其真義。

金剛菩薩與蓮華手菩薩，普於十方世界宣說廣大妙法。

　　依密教的觀點而言，密嚴淨土是法身大日如來的淨土，由於密嚴淨土是以如來藏無垢意識（第九識）爲體，而第九識相當於大日如來，所以密嚴淨土就被視爲大日如來的住處。

　　而密教淨土的具體展現，其實就是密教的壇城（曼荼羅），這些壇城最主要是以金剛界與胎藏界所構成的壇城。

　　此外，更廣義而言，據《華嚴經》的記載，蓮華藏世界乃是毘盧遮那佛往昔於世界海微塵數劫修習菩薩行時，親近無量微塵數的佛陀，於一一佛陀的淨土世界淨修世界海微塵數的大願，所成就的清淨莊嚴世界。

Vairocana
大日如來

➡ 佛曆 1091

公元 547

§ 安廩住揚都天安寺，講
《華嚴經》

金剛界大日如來像　　　　胎藏界大日如來像

四面大日如來像

01 大日如來的形像

　　大日如來在形像上，一般常見的大日如來像，身色潔白如清淨的月輪一般，頂戴五佛寶冠，髮垂飾，身著輕妙的天衣，瓔珞、臂釧、腕釧等裝飾物莊嚴其身，光背為日輪，以光明照耀遍滿一切世界。

　　金、胎兩界的大日如來形像各不相同，金剛界大日如來為金剛界九會中，除理趣會之外的中尊，大日如來皆位於五佛中央，現菩薩形，身呈白色，手結智拳印，頂戴五佛寶冠，結跏趺坐於七獅子座（或坐於寶蓮華座）。

　　胎藏界大日如來則位於中臺八葉院中央，示現菩薩形，身呈黃金色，身著白繒，手結法界定印，頭戴五佛寶冠，安坐於中央的寶蓮華座。密號與金剛界大日如來相同，種子字為 刃 阿（a）或 刃 噁（aḥ）三昧耶形為窣都婆（佛塔）或如來頂印。

　　又《覺禪妙》上的大日如來尊像，其智拳印常出現為左拳握右拳食指之像，在朝鮮慶州的佛國寺，也發現此種造像的大日如來金銅像。

　　此外，在《金剛頂瑜伽中略出念誦經》中，還有四面大日如來的記載。因為大日如來為遍法界身，因此可同時向四方的四佛宣說四智印，所以以四面具足來表徵。密號為遍照

Vairocana
大日如來

成身會　　　　　　三昧耶會

微細會　　　　　　供養會

大日如來在金剛界的各種形像（一）

金剛，種子字為 $\dot{\mathbf{t}}$ 鍐（vaṃ），三昧耶形為窣都婆（塔）。

又在《大日經》〈轉字輪品〉記載：造大日如來世尊像，坐於白蓮華座上，頭戴髮髻，鉢吒為裙，上被絹縠，身相為金色，周身焰鬘莊嚴。

在《大日經疏》記載：以阿字門轉作大日如來，其身如閻浮檀紫磨金色，如菩薩像，首戴髮髻，猶如寶冠形，通身放出種種色彩的光明，被絹縠衣，此是首陀會天成最正覺的標幟。彼界的諸聖天眾，衣服輕妙乃至無有銖兩，本質嚴淨不復假以其它外在的裝飾。

所以，大日如來世尊俯同他們的造像。

若作深祕解釋者，如來殊妙莊嚴的法相，法爾無滅，不是造作所造成的，所以不以外表的珍寶為嚴飾，乃至於十地的諸菩薩們，猶因承受佛陀的威神力加持而得以親見加持身，其於常寂的身體，如在羅縠一般。

閻浮金也是自然性淨，顏色又最深明，而佛陀的金剛智體最為深妙，通身放射出種種光明，即象徵普門開示大智慧的光明。

世界各地著名的大日如來像

中國的大日如來像

在中國較著名的盧舍那佛像：河洛上都龍門之陽《大盧舍那像龕記》及《佛祖統紀》第三十九等記載的唐高宗咸亨

Vairocana
大日如來

四　印　會　　　　　　　降　三　世　會

一　印　會　　　　　　　降三世三昧耶會

大日如來在金剛界的各種形像（二）

024

三年，善導等在龍門的石壁上鑴刻高八十五尺的盧舍那佛大像。

《盧山記》中，第一傳稱盧山乾明寺，安置有張僧繇所畫的盧舍那佛像。而在《廣清涼傳》卷中，在五台山瑞相殿北方的十三重大佛殿中，安置有盧舍那佛像，都是中國著名的毘盧遮那佛像。

日本的大日如來像

在日本方面，以天平勝寶元年在東大寺鑄造盧舍那大佛為開始，接著在唐招提寺金堂安置有傳說為思詫所作的乾漆塗箔丈六坐像，其光背刻出千佛。

又，在《東大寺要錄》第四記述，在南河彌陀堂安置有盧舍那佛淨土變三舖。在《扶桑略記》中記載，於圓融寺五重塔圖繪摩訶毘盧遮那如來像四體，此外，於法勝寺金堂中，建造了三丈二尺的毘盧遮那如來像，百華葉中安置百體釋迦像。

另外，《高山寺緣起》記載，同寺金堂安置有本尊丈六毘盧遮那佛像（運慶作）、脅侍十一面觀音及彌勒菩薩。三重塔安置有本尊金色毘盧舍那佛，脅士文殊菩薩、普賢菩薩、觀音菩薩、彌勒菩薩（湛慶作）。學問所安置有忍圖寫的毘盧舍那五聖曼荼羅一舖。

此外，筑前觀世音寺戒增院的木造坐像，東大寺、唐招

Vairocana

大日如來

➡ 佛曆 1219

公元 675

§ 唐高宗勅願，完成龍門
石窟中，奉先寺洞的中
尊盧舍那佛像

韓國的大日如來像

藏密胎藏界曼荼羅（1032～1227 年）

提寺的大日如來像等，皆為現今日本的重要國寶。

　　日本所藏的大日如來像，其中優美作品為數不少，較著名的有和歌山金剛峰寺、和歌山安養院、奈良圓成寺所收藏的金剛界大日如來像，以及京都廣隆寺、福井圓照寺所藏胎藏大日如來像。這些都是平安時期的作品。畫像則有金剛峰寺所藏，鎌倉時期作品的絹本著色圖。

　　而近幾年來，印度、西藏皆有發現胎藏界、金剛界兩界的大日如來像。

大日如來

━━━➤ 佛曆 1233

公元 689

§ 一月，勅令設立華嚴高
  座八會道場，設齋會

§ 提雲般若譯《華嚴經》
  〈不思議佛境界品〉

■ 華嚴宗

　　華嚴宗為中國十三宗之一，日本八宗之一。華嚴宗依《大方廣佛華嚴經》立法界緣起、事事無礙的妙旨，以唐代杜順禪師（557～640，即法順）為初祖。華嚴宗依《華嚴經》立名，所以稱華嚴宗。

■ 法相宗

　　廣義而言，法相宗泛指俱舍宗、唯識宗等以分別判決諸法性相為教義要旨的宗派，然而一般多指唯識宗，或以之為唯識宗的代稱。為中國佛教十三宗之一，日本八宗之一。即以唐代玄奘為宗祖，依五位百法，判別有為、無為之諸法，主張一切以唯識為主旨的宗派。

　　法相宗總取《華嚴經》、《解深密經》、《如來出現功德經》……等十一論為依止，又特以《解深密經》及《成唯識論》為憑據，以成一宗派的要旨。

■ 天台宗

　　天台宗又作法華宗。為中國十三宗之一，日本八宗之一。六朝時，智顗大師棲止於天台山，倡立一宗派的教觀，世人稱之為天台大師，於是以所立的宗派稱為天台宗，或台教。天台宗的僧徒，即被稱為台徒；天台宗的道法，稱為台道。又此宗依《法華經》以判一代時教，且最尊崇《法華經》，所以又稱為法華宗。

　　本宗即是以天台智者大師為開祖，以《法華經》教旨為基礎判立五時八教的教相，提倡空、假、中三諦圓融的道理，依觀心之法以期「速疾頓成」的大乘宗派。

02 大日如來（毘盧遮那佛）的佛身觀

　　有關於毘盧遮那佛（大日如來），在佛教的各個經典的記載與各宗派的解釋與用法並不統一。華嚴宗以「毘盧遮那」為蓮華藏世界的教主；法相宗以「毘盧遮那」為釋迦牟尼佛的自性身；天台宗以之為釋迦牟尼佛的法身；密教則譯為「大日如來」（摩訶毘盧遮那），奉為真言密教的教主。

大日如來在經典中的不同展現

《華嚴經》中的毘盧遮那佛

　　在舊譯本《華嚴經》毘盧遮那佛譯為「盧舍那」，而新本的八十卷《華嚴經》中則譯為「毘盧遮那」。《華嚴經》「探玄記」以「盧舍那光明照」為古譯，或譯為三業滿、淨滿、廣博嚴淨，而「毘」字為遍的意思，「毘盧遮那」是為光明遍照；這是依據梵本勘正的，兩者並無不同。

　　其中，舊譯《華嚴經》〈盧舍那佛品〉中記載：「彼諸菩薩見此光已。得觀蓮華藏莊嚴世界海。佛神力故於光明中說偈言：無量劫海修功德，供養十方一切佛，教化無邊眾生海，盧舍那佛成正覺。放大光明照十方，諸毛孔出化身雲，隨眾生器而開化，令得方便清淨道，佛於往昔生死中，調伏一切諸群生，於一念中悉解脫。……盧舍那佛大智海，光明

Vairocana

大日如來

佛曆 1239

公元 695

§ 七世紀末，於東南印度
完成《金剛頂經》

■ 演說無邊的契經

契經，梵文為 sūtra，音譯為修多羅，又作長行。「契」是上契諸佛妙理，下契眾生根機。「經」是線的意思，如經之於緯，貫穿法義，使不散失。是以散文直接記載佛陀的教說，為佛經中的一種文體，也是我們一般所說的經。

■ 心地

(一)心地指戒。由於戒以心為本，恰如世間之以大地為根基，所以稱為「心地」，這是出自於《梵網經》中的話語。

(二)心地又指菩薩的十信、十住、十行、十迴向、十地等五十位之心（菩薩的階位）。菩薩係根據心而修行，所以比喻心為地，稱為心地。

(三)在禪宗，達摩所傳的菩提即稱為「心地」。

毘盧遮那佛於過去生勤修無量劫海的功德，乃成正等正覺

普照無有量，如實觀察眞諦法，普照一切諸法門。」

這些世界海上的菩薩大眾，在光明之中，都親眼目睹了這個莊嚴的蓮華藏世界海。

這時，由於佛陀威神力的加持，菩薩們在光明之中，宣說如下的偈頌：「

在無量劫中修行海，供養十方諸佛大海，

化度一切諸眾生海，今成妙覺遍照至尊。

毛孔之中出生化雲，光明普照遍於十方，

應受化者咸開正覺，令趣菩提清淨無礙。

佛昔往來於諸趣中，教化成熟一切群生，

神通自在無邊無量，一念皆令得證解脫。……（中略）

毘盧遮那大智海中，面門舒光無不覩見，

今待眾集將演法昔，汝可往觀親聞所說。」

以上說明毘盧遮那佛於過去生修習無量劫海的功德，於是成就正等正覺，住於蓮華藏莊嚴世界，放大光明遍照十方，從諸毛孔出生化身之雲，演說出無邊的契經深入大海。

《梵網經》中的盧舍那佛

又如《梵網經》卷上云：「我已自阿僧祇劫修行心地，以之爲因，初捨凡夫成等正覺，號爲盧舍那，住蓮華台藏世界，其台周遍有千葉，一葉一世界，爲千世界。我化爲千釋迦據千世界。就後一世界復有百億須彌山，百億日月、百億

$\mathcal{V}airocana$
大日如來

━━━▶ 佛曆 1243

公元 699

§ 實艾難陀譯《華嚴經》
八十卷

§ 法藏於洛陽佛授記寺講
《華嚴經》

• 盧舍那佛

■ 常樂我淨

　　大乘涅槃與如來法身所具足的四種特德。又稱為涅槃四德。達涅槃
境界的覺悟為永遠不變的覺悟，謂為「常」；其境界無苦而安樂，謂為
「樂」；自由自在，毫無拘束，謂為「我」；無煩惱的染污，謂為
「淨」。

■ 常寂光土

　　常寂光土又稱為理性土，為全然斷除根本無明的佛陀所依止之處，
即為妙覺究竟果佛所居處之土，乃常住（法身）、寂滅（解脫）、光明
（般若）的佛土。

■ 三身

　　佛的三種身，又稱三佛或三佛身。其名稱、種別在經論中有很多種
說法。

　　而法身、報身、應身是古來被廣泛採用的三身名稱，論及諸種佛身
義時，多用此為標準。法身由真如的理體所證顯；報身是酬報因位無量
願行的相好莊嚴身；應身是應所度化眾生的機緣所感得而化現的佛身。

四天下、百億南閻浮提，百億菩薩釋迦，坐百億菩提樹下，各說汝所問菩提薩多心地。」

是說明盧舍那佛經百阿僧劫修行心地淨日，成就正覺，號爲盧舍那，住於蓮華台藏世界，其蓮華台周遍廣大有千葉化現，每一葉皆爲一個世界，爲千世界。盧舍那佛化爲千個釋迦尊於千世界。更化現爲百億大小菩薩釋迦，爲大眾演說菩薩的心地法門。

《觀普賢菩薩行法經》中的釋迦牟尼佛

此外，《觀普賢菩薩行法經》云：「釋迦牟尼名毗盧遮那遍一切處，其佛住處名常寂光。常波羅蜜所攝成處，我波羅蜜所安樂處，樂波羅蜜滅受想處，淨波羅蜜不住身心相處，不見有無諸法相處。」在此經中說明釋迦牟尼佛名爲毘盧遮那，是遍一切處身，圓滿成就常、樂、我、淨的四波羅蜜，而安住於常寂光土中。

毘盧遮那佛在各經典中的佛身觀

中國諸家在論述佛陀的法、報、化三身的分別時，常以毘盧遮那佛、盧舍那佛、釋迦牟尼佛爲例來說明法、報、應（化）三身，但是其三身的配屬狀況卻時常出現不同的說法。

其中智顗的《法華經》文句第九下云：「法身如來名毘

Vairocana
大日如來

➤ 佛曆 1254

公元 701

§ 金剛智至南印度,從龍
　智學《金剛頂瑜伽經》
　等,受五部灌頂

智者大師以毘盧遮那佛(上圖)為法身,

盧舍那佛(下右圖)為報身,釋迦牟尼佛(下左圖)為應身

盧遮那，此翻譯遍一切處。報身如來名盧舍那，此翻淨滿。應身如來名釋迦文，此翻度沃焦。」天台智者大師以爲毘盧遮那佛應歸配爲法身如來，翻譯爲遍一切處；盧舍那佛歸配爲報身如來，翻釋爲淨滿。而應身則爲釋迦牟尼佛，翻譯爲度沃焦。

是依前面所引述的《觀普賢經》所說的毘盧遮那佛爲遍一切處身，所以以之爲法身；《梵網經》所說的盧舍那佛爲千葉蓮台上之王，化現無數化佛，所以以之爲報身。

另外，嘉祥吉藏的《三論略章眞應義》中舉地論師的說法，云：「地論師解云，佛有三身，一應身，如是釋迦，二報身，即是舍那，以修十地因滿感得，此謂報佛。三即梨耶眞如法，本性清淨，故爲法佛。」這是說明佛陀的三身，以釋迦牟尼佛配屬於應身；將盧舍那佛歸配爲報身，爲十地修行因滿而感的；而梨耶眞如法爲本性清淨，故名法佛。依此立場而言，舊《華嚴經》的盧舍那佛則應配身報身佛了。

但是華嚴宗卻有不同的看法，他們以爲盧舍那佛具足融攝三世間的十身，即眾生身、國土身、業報身、聲聞身、獨覺身、菩薩身、如來身、智身、法身、虛空身，此十身融攝三世間的諸法而爲毘盧遮那正覺之體。

而此十身中的如來身又具有佛的十身，即正覺佛、願佛、業報佛、住持佛、化佛、法界佛、心佛、三昧佛、性佛、如意佛等十佛身，因此可同視二者爲一體法身了。

Vairocana
大日如來

佛曆 1258-1327

公元 705-774

§ 唐朝不空譯有《金剛壽命陀羅尼念誦法》一卷，內容係毘盧遮那佛所說的金剛壽命真言、甲冑真言及其功德、護摩除災延命壇

■ 金剛法界宮

「金剛」比喻實相的智慧；「法界」指廣大金剛的智體，即如來的實相智身；「宮」指真實功德所莊嚴之處。金剛法界宮略稱法界宮、法界宮殿。意即金剛法界的宮殿。指大日如來宣說《大日經》、《金剛頂經》等經的會場。

■ 金剛界三十七尊

金剛界三十七尊包括：

(1)五佛即大日如來、阿閦如來、寶生如來、無量壽如來、不空成就如來。

(2)四波羅密是大日如來的四親近，由大日如來所出生，表示四佛的定德。即金剛波羅蜜、寶波羅蜜、法波羅蜜、羯磨波羅蜜四菩薩。

(3)十六大菩薩，即：①阿閦如來的四親近：金剛薩埵、金剛王菩薩、金剛愛菩薩、金剛喜菩薩，②寶生如來的四親近：金剛寶菩薩、金剛光菩薩、金剛幢菩薩、金剛笑菩薩，③無量壽如來的四親近：金剛法菩薩、金剛利菩薩、金剛因菩薩、金剛語菩薩，④不空成就如來的四親近：金剛業菩薩、金剛護菩薩、金剛牙菩薩、金剛拳菩薩。

(4)八供養菩薩，有內外之分。內四供養是大日如來為供養四佛而流出者，即嬉、鬘、歌、舞四菩薩。外四供養是四佛為供養大日如來而流出者，即香、華、燈、塗香四菩薩。

(5)四攝菩薩，乃從大日如來心中流出，將一切眾生引入曼荼羅，表授給果地之法的化他之德，即鉤、索、鏁　鈴四菩薩。

金剛界三十七尊是金剛界曼荼羅的核心本尊，就本質而言，都是大日如來的流現。

密教中的佛身觀

密宗稱大日如來爲摩訶毘盧遮那佛，住於廣大金剛法界宮，爲自壇城內的眷屬宣說身、語、意三密平等的法門，在此大日如來則可分爲理、智二法身。

理、智二身法身

「三種悉地破地獄轉業障出三界祕密陀羅尼法」云：「毘盧身土依正相融，性相同一，眞如遍滿法界大我。身口意平等如大虛空。以虛空爲道場，以法界爲床。大日如來爲令知見此道示二種法身。智法身佛住實相理，爲自受用現三十七尊，令一切入不二道。理法身佛住如如寂照，法然常住不動，現八業。爲自他受用示三重曼荼羅，令十界證大空。是雖有理智之殊，廣略之異，本來一法，曾無殊異，萬法歸一阿字，五部同一遮那。」

說明智法身佛住於實相之理，是爲了自受用，發生三十七種妙智，由此妙智而示現三十七尊之身，即表示大日如來爲金剛界的教主。

理法身佛住於如如寂照的智慧中，是爲自他受用而示現三種曼荼羅（佛、金剛、蓮花三部曼荼羅）之身，即顯示大日如來爲胎藏界的教主。雖然有理、智的差別，其實本來一法，沒有差異，而毘盧遮那佛即此理、智不二之體。

Vairocana

大日如來

➤ 佛曆 1269

公元 725

§ 善無畏、一行合譯《大
毘盧遮那成佛神變加持
經》七卷

金剛界五佛

胎藏界五佛

胎藏界大日如來代表理，是大日如來的理法身；而金剛界大日如來表智，是大日如來的智法身。胎藏界意指如來大悲的理世界，表成佛的根源，宛如成佛的母胎，是爲因位；金剛界就精神的意義而言，就是摧壞眾生煩惱，把降伏煩惱的智慧，喻爲「金剛」則表示其堅固不壞，代表著如來智慧的世界，是爲果位。

理、智雖然二分，但是此二身畢竟不相離。所以爲理智不二、因果平等的世界。（金剛界與胎藏界二界，於下二章中有詳細的說明）。

五方佛

此外，在密教中有五方佛的說法，即大日如來（毘盧遮那佛）、東方阿閦佛、南方寶生佛、西方阿彌陀佛、北方不空成就佛。分別象徵五智：法界體性智、大圓鏡智、平等性智、妙觀察智、成所作智，所以這五佛又稱爲五智如來。

五佛的五智是是轉我們凡夫的九識爲五智，轉凡夫的第九意識爲「法界體性智」，在五方佛中屬於毘盧遮那佛；轉凡夫的第八阿賴耶識成爲「大圓鏡智」，是爲東方阿閦佛；轉第七末那識爲「平等性智」，爲南方寶生佛；轉第六識成「妙觀察智」，爲西方無量壽如來（阿彌陀佛）；轉前五識爲「成所作智」，爲北方不空成就佛。這其實就是金剛界五

Vairocana
大日如來

佛曆 1284

公元 740

§ 日本良辨邀請新羅審祥
　講述《華嚴經》

普賢菩薩

執金剛菩薩

佛，這一切是一個上下迴旋的世界，由中心流轉出來，再由外流轉迴去的金剛界。

　　而胎藏界五佛，中央爲大日如來，其他爲開敷華王如來、無量壽如來、天鼓雷音如來、寶幢如來等四如來。

大日如來的種種化現

　　依《大日經》所說，大日如來又化現成普賢菩薩、執金剛菩薩、蓮華手菩薩等三位菩薩，普於十方世界宣說眞言妙法，廣度一切眾生。普賢菩薩掌息災、執金剛菩薩表降伏、蓮華手菩薩掌增益，三者各有其特殊的救度方便。此三尊化身菩薩的作用，象徵著大日如來不可思議的無量功德。

Vairocana
大日如來

➤ 佛曆 1291

公元 747

§ 日本東大寺盧舍那佛開
始建造

大日如來象徵諸佛法身（日本　金剛峯寺）

第二章　毘盧遮那佛的過去生因緣

大威光太子於過去四位古佛的處所精勤修行，最後成就廣大的毘盧遮那佛佛果。

依密教而言，大日如來（摩訶毘盧遮那佛）代表著法界體性的智慧，象徵著諸佛的法身。以此立場而言，大日如來超越了時空的因緣，所以，過去、現在、未來的分際並不必特別彰顯，因此其過去生的因緣，也不必特別傳述了。

但是，如果以諸佛因緣示現的立場而言，佛陀的示現及其淨土的廣大果德，都是往昔修行所嚴淨，因此應當顯現其所行的廣大。所以，在《華嚴經》中就記述了毘盧遮那佛過去生的修持因緣。

在八十卷《華嚴經》的〈毘盧遮那品〉中，記述著過去劫喜見善慧王之子大威光太子的修行因緣。

大威光太子是毘盧遮那佛的前身，也可視為釋迦牟尼佛的過去身，他在〈毘盧遮那品〉中，在四位古佛的處所精勤修行，最後成就廣大的毘盧遮那佛佛果。所以此品就以〈毘

Vairocana

大日如來

➡ 佛曆 1297

公元 753

§ 日本天皇遣使慰問鑑真
　和尚，並詔賜「傳燈大
　法師」之號。遂依道宣
　之戒壇圖經，於東大寺
　毘盧遮那佛前營建戒
　壇，親自為君民上下傳
　授菩薩戒

光明遍照的毘盧遮那佛

盧遮那〉的佛名為品名。

　　在《華嚴經疏論纂要》卷十九〈毘盧遮那品第六〉中敘述：「於此一品經中，……，有四佛出世，總名毘盧遮那一號，各隨世間應緣名異，非是佛名號異。」並說：「如是諸名號，徧一切世界名字故，始名毘盧遮那，以種種教行之光，徧照一切，法眼照之。」

　　所以，依廣義而言，諸佛的法身體性都可名為毘盧遮那，而在隨順世間因緣中，也顯現出各種名號。

　　本章敘述毘盧遮那佛的過去生因緣，是依《華嚴經》中〈毘盧遮那品〉所記載，其中共提到四位佛陀的出世，這四位佛陀是：一切功德山須彌勝雲佛、波羅蜜善眼莊嚴佛、最勝功德海佛、普聞蓮華眼幢佛，其名號雖然有差異，卻是隨世間的因緣而別定，但是總稱都是「毘盧遮那如來」，其意義是以種種教行的光明，遍照一切，破除諸業黑暗，以廣大、深入為其特色。

Vairocana
大日如來

➡ **佛曆** 1298

公元 754

§ 新羅僧法海於皇龍寺宣講
《華嚴經》

■ 微塵數

　　微塵單稱微、塵。即眼根所取最微細的色量。極微，為《俱舍論》卷十、卷十二所說色法（物質相）存在的最小單位。

　　以一極微為中心，四方上下聚集同一極微而成一團者，即稱微塵。合七極微為一微塵，合七微塵為一金塵，合七金座為一水塵。

　　此外，諸經論亦每以「微塵」比喻量極小、以「微塵數」比喻數極多。

勝音世界的居民，他們的衣著與飲食都能隨著自己的意念而自然生現

01 毘盧遮那佛的過去生因緣之一 ：
　　 一切功德山須彌勝雲佛

　　在遠古時，也就是在超過世界微塵數一倍以上的時劫以前，有個時劫名爲種種莊嚴時劫，在這時劫中，有一個世界海，其名稱爲普門淨光明世界海。

　　在這一個世界海當中，有一個世界名爲勝音世界。勝音世界是依止在摩尼華網海上而安住，並且有須彌山微塵數的世界爲它的從屬。

　　勝音世界的國土呈現出正圓形的形狀，其大地上是無限的莊嚴，它的四周並爲三百重的寶樹輪圍山所圍繞，其上方更有一切清淨無垢的寶雲覆蓋著，光明照耀。這個世界的城邑宮殿一如須彌山般地莊嚴，國土中的居民們，他們身著的衣物與飲食，都能隨著他們自己的意念而自然生現。

　　在這個勝音世界當中，有一個香水海，名爲清淨光明香水海。在這個香水海中，有一座蓮華須彌山湧現，它的名字爲華焰普莊嚴幢須彌山，在華焰普莊嚴幢須彌山的四周有十寶欄楯圍繞著。

　　在這座須彌山上，有一片廣大的樹林，名爲：摩尼華枝輪林。在這片樹林中，羅布著無數的花樓閣、寶臺觀，更有無數的妙香幢與寶山幢，他們著實莊嚴地無以倫比。

Vairocana
大日如來

• 彩瓶

■ 由旬

由旬是印度計算里程的數目，一由旬約為四十公里。

■ 神足通

神足通即是得如意自在的神通力。又作如意足通、神境智證通。

《大毘婆沙論》中載有三種神用：

(1)運身神用，舉身凌駕於虛空猶如飛鳥一般，亦同壁上所畫的飛仙。

(2)勝解神用，於遠作近解，依此力故，或住於此洲而以手捫日月，或於屈伸手臂的時間，便可以至色究竟天。

(3)意勢神用。眼識至「色頂」，或上至「色究竟天」，或超越無邊的世界。

另外如《大智度論》卷五所敘述，有三種如意：

(1)能到，又分為：①身能飛行，如鳥的飛行無礙。②移遠令近，不往而到。③於此地沒，而於彼地出現。④一念之間即到達。

(2)轉變，即大能作小，以小作大；以一變多，以多變一，種種諸物皆能轉變。外道的轉變至極不過七日，諸佛及弟子的轉變久近自在。

(3)聖如意，即能觀六塵（色塵、聲塵、香塵、味塵、觸塵、法塵）的不可愛不淨之物為淨，觀可愛清淨之物為不淨。此聖如意的法唯有佛陀獨有。其他經論有關如意的論述頗多，然而皆大同小異。

　　林中處處盛開著充滿珍貴芬芳的白蓮花，無數的香摩尼蓮花織成的網則垂布在四圍周遭。美妙悅耳的樂音與光明晃耀的香雲，為數多的不可計算。更有百萬億那由他數量的城池，周匝圍繞著樹林。在這些城中，各種類型的眾生，隨著自己的心性而安住其中。

　　在這片樹林的東邊有一座大城，名為焰光明城。這是一座人間國王的都城，四周有百萬億那由他等不可計量的城池圍繞著。這也是以清淨妙寶所共同建築的都城，縱橫都有七千由旬，以七寶（金、銀、琉璃、珊瑚、琥珀、硨磲、瑪瑙）所構成的城廓，以樓櫓來防禦敵人，十分地崇偉壯麗。

　　更有七重的寶塹城河，香水盈滿其中。其中有優鉢羅花（青蓮花）、波頭摩花（紅蓮花）、拘物頭花（黃蓮花）、芬陀利花（白蓮花），如此青、紅、黃、白四色的蓮花眾寶，遍布於四處，作為莊嚴的妙飾。

　　更有七重的寶多羅樹圍繞著，所有的宮殿樓閣都滿溢著殊妙珍寶的莊嚴，上方張掛著各種美妙的寶網，而芬芳的塗香與散花更瑩列在其中。

　　城中有百萬億那由他的門，都十分寶貴莊嚴。每一扇門前，並有四十九座寶尸羅幢次第陳列著，更有百萬億的園林周匝圍繞，各種妙香與摩尼樹香繚遶其間；而眾鳥和鳴，更令聞聽者，心中生起無盡的歡悅。

　　在焰光明城中的居民們，都成就了業報的神足通，能夠

Vairocana

大日如來

佛曆 1343

公元 799

§ 新羅僧梵修攜澄觀的
《華嚴經疏》後半部返
國

■ 那由他

那由他梵語 nayuta，印度的數量名稱。又作那由多、那庾多。意譯為兆。

依《俱舍論》所記載，十阿庾多（又作阿由多）為一大阿庾多，十大阿庾多為一那由多，故一那由多為一阿庾多的百倍：一阿庾多為十億，故一那由多為千億，通常以此為佛教所說那由多的數量。

此外，就印度一般數法而言，阿庾多為一萬，那由多則為百萬。

焰光明城的居民，都成就神足通，都能自在地乘空飛行

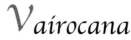

宛如天神一般，自在地乘空飛行往來；他們的心中只要想著到達何處，便能應隨著心念而到達彼處。

緊臨於城的南方，有一座大城，名為：樹華莊嚴天城；再往右旋，有一座大龍城，名為：究竟城；依次又有夜叉城，名為：金剛勝妙幢城；依次又有乾闥婆城，名為：妙宮城；依次又有阿脩羅城，名為：寶輪城；依次又有迦樓羅城，名為：妙寶莊嚴城；依次更有梵天王城，名為：種種妙莊嚴城……，有以上等等百萬億那由他數的大城。這些城中，各圍繞著百萬億那由他數的樓閣，每一座樓閣均無比的莊嚴。

在這片寶華枝輪大林中，有一座道場，名為：寶華遍照道場。這座道場，莊嚴佈飾著各種珍妙大寶，更有圓輪般的摩尼花遍滿盛開，一片繁華錦簇。道場中燃焚著香燈，珍寶妙色般的焰光如彩雲籠罩著，似網般的光明更是普照著這個道場。

道場中莊嚴的寶具時常湧現滿溢出妙寶，眾樂也恆常演奏著幽雅和悅的音聲。在摩尼寶珠之王中，則示現著菩薩的身影。各種美妙的花朵，遍佈十方，隨處可見。

在這個道場的前方，有一片大海，名為：香摩尼金剛海。海中生出一朵大蓮花，名為：華蕊焰輪蓮花。這朵蓮花十分地碩大，有百億由旬那般地寬廣，上方的莖、葉、鬚、花臺都是由妙寶所形成，四周圍繞著十個不可說百千億那由

Vairocana
大日如来

一切功德山須彌勝雲佛，忽然現身於道場中的大蓮花

他數量的蓮花。這朵蓮花經常放射著光明，演奏著美妙的樂音，遍滿十方。

在這勝音世界的最初時劫中，有十個須彌山微塵數的佛陀出興於世。第一尊出世的佛陀，名號為：一切功德山須彌勝雲如來。於此佛陀出現的一百年前，在這座摩尼華枝輪大林中，所有的莊嚴妙飾都周遍清淨。

這裡提及的莊嚴清淨是非常不可思議的，就是所謂的：出現不可思議的寶焰雲；發出讚歎佛陀功德的音聲；演出無數佛陀的音聲；散發光明，令其如網般垂布蓋覆著十方；所有的宮殿樓閣都互相映照；其中的寶華光明，翻騰凝集成天空中的光雲；以美妙的音聲，演說著一切眾生前生前世所行的廣大善根；演說三世一切諸佛的名號；演說諸菩薩所修的願行與究竟之道；演說諸佛如來轉妙法輪的種種言辭說法。當時，這座大林示現了如上等等的莊嚴妙相，顯示佛陀如來經常出現於世界。

在這個世界中，諸國國王由於親眼目觀這些吉祥的瑞相，得以成熟善根。他們的心中都很想親自見到佛陀，因而都不約而同地來到了道場之中。

這時，一切功德山須彌勝雲佛，忽然現身於其道場中的大蓮花中。他的妙身遍滿，等於真實的法界，一切的佛剎示現出生，而一切的道場也都能前往拜謁。他的無邊莊嚴妙色，具足清淨；一切的世間，沒有能映奪他的光明；他具足

Vairocana
大日如來

➡️ 佛曆 1349

公元 805

§ 空海大師到中國求法，
於青龍寺受入壇灌頂，
六月時，他受胎藏界灌
頂，投花得大日如來；
七月受金剛界灌頂，投
花亦得大日如來，八月
得到傳法阿闍梨惠果的
灌頂，授其密號為遍照
金剛

■ 五體投地

五體投地乃是佛教的禮法之一。又作五輪投地、投地禮、接足禮、頭面禮、頂禮。

五體投地本為印度所行的禮法，據《大唐西域記》卷二所記載，印度所行的禮敬法共有九種，其第九種即為五體投地，是所有禮法當中最為殷重者。其後佛教亦沿用此一禮法，並以之表示最上的禮敬。

所謂五體，是指兩手、兩膝、頭頂等，亦稱為五輪。其行禮的方法，先以右膝著地，次下左膝，然後兩肘著地，兩掌舒展過額，接著頭頂著地，良久一拜。

另外《根據華嚴經隨疏演義鈔》記載，凡禮敬佛、法、僧三寶時，必須五體投地，藉此以折伏憍慢的心而表達虔誠之意。

了眾寶妙相，而且都是清晰分明。

　　這時，所有宮殿都示現了佛陀的形像，而一切眾生都得以見到無邊的化佛；又從其身現出各色的光明，充滿整個法界。如同在清淨光明香水海中，華焰莊嚴幢須彌山的山頂上，摩尼華枝輪大林當中，佛陀現身安坐於寶座之上。同樣的，在勝音世界之中，佛陀也同時現身安坐在六十八千億須彌山的山頂上。

　　這時，佛陀從其眉間放射出大片光明。這光明的名稱為：發起一切善根音光明，有十佛剎微塵數的光明為其從屬，充塞著一切的十方國土。

　　如果有眾生理應可以調伏的，經過此光明的照耀，就能即刻自行開悟，消除一切迷惑與熱惱，碎裂一切迷蓋疑網，摧毀一切障礙的大山，清淨一切染垢污濁；並同時發起廣大的信心與體解，而生起勝善的善根。

　　這些眾生會永遠離棄一切的障難與恐怖，袪除一切身心的苦惱；生起見佛的心，趣向一切智慧。

　　這時，一切世間之主與眾天神們，以及他們的從屬，無量無邊，由於蒙受佛陀光明的開示而覺悟，共同來到佛陀的道場，五體投地向佛陀致上最深層的禮敬。

　　在這座光明大城中，有一位國王，名為：喜見善慧王，他統領著百萬億那由他的城池。這位國王的夫人、采女共有三萬七千人，並以福吉祥夫人為首；王子有五百人，以大威

Vairocana
大日如來

➤ 佛曆 1350

公元 806

§ 八月，明準於長安禪定
  寺雕刻「石法華經」

§ 空海大師自唐歸日本，
  著有《請來目錄》一書

■ 正受

正受意譯為三昧、三摩地或禪定。

遠離邪想而領受正所緣之境的狀態。亦即入於禪定時，以禪定的力量使身、心領受平等安和之相。

又定心而離邪亂稱為「正」，無念無想而受納法在心中稱為「受」，猶如明鏡一般，無心而映現萬物。

大威光太子獲得十種妙法光明之後，承著佛陀的威神力，宣說著偈頌

光太子為首；大威光太子則有萬位夫人，其中又以妙見夫人為首。

這時，大威光太子見到佛陀之後，基於過去生所修行的善根力緣故，當下就證得了十種法門。

這十種法門就是所謂的：證得一切諸佛功德輪三昧禪定；證得一切佛法普門總持陀羅尼；證得廣大方便藏般若波羅蜜；證得調伏一切眾生的莊嚴大慈；證得普雲音的大悲；證得出生無邊功德的最勝心大喜；證得如實覺悟一切法的大捨；證得廣大方便平等藏的大神通；證得增長信解力的大願；證得普入一切智光明的辯才門。

這時，大威光太子獲得了以上的妙法光明之後，承受著佛陀威神力的加持，普遍觀察大眾，宣說如下的偈頌：

「世尊安坐道場之中，示現廣大清淨光明，

譬如千日同時出現，普照一切虛空世界。

無量億千時劫以來，導師因時乃而示現，

佛今出現於此世間，一切眾生所瞻奉仰。

汝觀佛陀廣大光明，化佛普現難以思議，

安住一切宮殿之中，寂然三昧而現正受。

汝觀佛陀廣大神通，毛孔出生火焰之雲，

普遍照耀於此世間，光明廣大無有窮盡。

汝應觀諸佛陀妙身，光網遍滿極為清淨，

現形普等於一切中，充遍滿佈於十方界。

Vairocana
大日如來

➤ 佛曆 1352

公元 808

§ 懷暉住入長安章敬寺毘
盧遮那院

■ 寶鐸──佛教的莊嚴器具之一

　　寶鐸又稱為風鐸、簷鐸。為鈴的一種。即垂掛於寺廟堂塔的相輪及
簷端等處的大鈴,金屬製造,呈現鐘型。懸掛寶鐸以莊嚴寺塔的習俗,
夙行於印度,中國約始於北魏時代。

　　此外,中國古來即有鐸,多以青銅製成,又依鐸舌之製材分為金鐸、
木鐸二種,金鐸用金(銅)舌,為軍旅中的號令器具;木鐸用木舌,為
宣教政令的器具。

■ 寶幢──佛教的莊嚴器具之一

　　寶幢即莊嚴佛菩薩的旗幟,常以諸寶嚴飾。又稱法幢。據《大日經
疏》卷五記載,幢上置如意珠,故稱為寶幢。《觀無量壽經》記載:「於
其臺上自然而有四柱寶幢,一一寶幢如百千萬億須彌山,幢上寶縵如夜
摩天宮,復有五百億微妙寶珠以為映飾。」

　　妙音遍轉於此世間，聞者悉皆心生欣樂，

　　隨諸眾生之諸語詞，讚歎佛陀殊勝功德。

　　世尊光明之所照耀，眾生悉皆普得安樂，

　　有苦悉皆得以滅除，心生無量廣大歡喜。

　　觀諸一切菩薩大眾，十方咸來集萃安止，

　　悉放摩尼寶光雲彩，現前稱讚佛陀如來。

　　道場演出微妙音聲，其音殊善極為深遠，

　　能滅眾生諸般苦惱，此是佛陀威神之力。

　　一切咸皆表示恭敬，心生廣大殊勝歡喜，

　　共在世尊如來之前，恭敬瞻仰於佛法王。」

　　當大威光太子宣說這則偈頌時，由於有著佛陀威神力的加持，微妙的聲音傳遍於勝音世界之中。這時，喜見善慧王聽聞了這則偈頌，心中立時生起了大歡喜，觀察一切眷屬大眾，而宣說以下的偈頌：

　　「汝應速速召集，一切諸國王眾，

　　王子以及大臣，城邑眾宰官等。

　　普告諸城之內，疾應齊擊大鼓，

　　共集所有人等，俱行往見佛陀。

　　一切四衢大道，悉應敲鳴寶鐸，

　　妻子眷屬同俱，共往觀佛如來。

　　一切諸城廓中，宜令悉皆清淨，

　　普建勝妙寶幢，摩尼以為嚴飾。

Vairocana
大日如來

佛曆 1356

公元 812

§ 空海大師十一月於高雄
山寺舉行金剛界結緣灌
頂，十二月授予最澄等
百四十五人傳授胎藏界
灌頂

■ 寶帳——佛教的莊嚴見之一

寶帳又稱幔幕、帳帷。即縫合長布，作為裝飾或區劃空間的用途。在《陀羅尼集經》卷三列舉二十一種供養具，其中第七種即寶帳。

此外，據《勅修百丈清規》卷三遷化條載，法堂的上間、中間、下間，皆張掛生絹或麻布所做的幃幕，並供設素花、香、燭等。而現代人作佛事時，多用以寶帳覆遮佛堂的前面及兩側。

■ 栴檀香——佛教中常見的供養香

栴檀香亦作檀香，有白檀香、赤壇香二種。

栴檀屬栴檀科是產於熱帶的常綠中喬木，屬於半寄生性的植物。在幼苗期能單獨生長，稍稍長大之後，寄生在稻科或葵科的植物上，後來在根部長出直徑三～十五公釐的吸盤，寄生在各種樹根上。

栴檀自古在印度西岸的西格茲山系一帶栽培，形成栴檀的一大產地。栴檀是梵語 Candana 的音譯，和印度教也有密切的關連，常被作為佛教的供養香。除了做為香使用以外，也用來畫在額頭上，作為表示宗派或階級的染料。

寶帳羅眾網等，妓樂宛如雲布，

嚴備在虛空中，處處皆令充滿。

道路悉皆嚴淨，普雨勝妙衣服，

巾馭汝寶車乘，與我同觀佛陀。

各各自隨其力，普雨莊嚴寶具，

一切宛如雲布，遍滿在虛空中。

香焰蓮華寶蓋，半月寶瓔珞等，

以及無數妙衣，汝等皆應雨下。

須彌香水大海，上妙摩尼寶輪，

及清淨栴檀香，悉應雨滿空中。

眾寶華與瓔珞，莊嚴清淨無垢，

及以摩尼燈具，皆令在空中住。

一切持向佛陀，心生廣大歡喜，

妻子與眷屬俱，往見世所尊崇。」

　　這時，喜見善慧王與以福吉祥夫人為首的三萬七千位夫人，采女一齊，也與以大威光太子為首的五百位王子一齊，也與以慧力大臣為首的六萬大臣一齊……，喜見善慧王與如上七十七百千億那由他的大眾一齊，前後擁簇著，從焰光明大城中出發。以大王的廣大神力，大眾乘空前往道場，而所有的供養器具，也遍滿在虛空之中。他們到達佛陀的道場後，五體投地頂禮佛足，安坐在一邊。

　　這時，又有妙華城的善化幢天王，伴隨著十億那由他的

Vairocana
大日如來

■ 乾達婆王

　　指與緊那羅同奉侍帝釋天而司奏雅樂的神。又作尋香神、樂神、執
樂天。八部眾之一。

　　傳說其不食酒肉，唯以香氣為食。諸經中多以之為東方持國天的眷
屬，為守護東方之神。又為觀音三十三應化身之一。《補陀落海會軌》
載，其形像為身赤肉色，如大牛王，左手執簫笛，右手持寶劍，具大威
力相，髮髻有焰鬘冠。

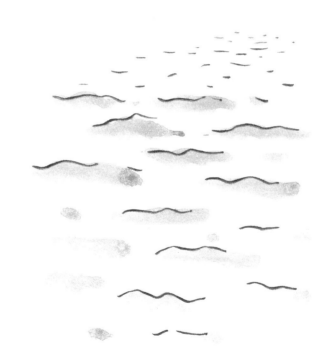

大威光菩薩聽聞了法要後，獲得一切功德須彌勝雲佛的一切法海光明

從屬；更有究竟大城的淨光龍王，伴隨著二十五億從屬；又
有金剛勝幢城的猛健夜叉王，與七十七億從屬一齊；又有無
垢城的喜見乾闥婆王，與九十七億從屬一齊；又有妙輪城的
淨色思惟阿脩羅王，與五十八億從屬一齊；又有妙莊嚴城的
十力行迦樓羅王，與九十九千從屬一齊；又有遊戲快樂城的
金剛德緊那羅王，與十八億從屬一齊；又有金剛幢城的寶稱
幢摩睺羅伽王，與三億百千那由他從屬一齊；又有淨妙莊嚴
城的最勝梵王，與十八億從屬一齊……，有如上百萬億那由
他的大城之中的諸王們，以及他們的眷屬，都共同前往朝禮
一切功德須彌勝雲如來的道場。他們到了道場之後，五體投
地頂禮佛足，安坐在一旁。

　　這時，一切功德須彌勝雲如來為了要調伏這些眾生，就
在大眾集會的道場海當中，宣說普集一切三世佛自在法修多
羅。宣說這部經典時，有世界微塵數的修多羅經典為其從
屬，隨應眾生的心，都令他們獲得利益。

　　這時，大威光菩薩聽聞這些法之後，獲得了一切功德須
彌勝雲佛宿世所修集的一切法海光明。

　　這些法海光明即所謂的：得到一切法聚平等三昧的智光
明；一切法悉入最初菩提心中住的智光明；十方法界普光明
藏清淨眼的智光明；觀察一切佛法大願海的智光明；入無邊
功德海清淨行的智光明；趣向不退轉大力速疾藏的智光明；
法界中無量變化力出離輪的智光明；決定入無量功德圓滿海

Vairocana
大日如來

➡ 佛曆 1363

公元 819

§ 空海大師完成「秘密曼
荼羅教付法傳」、「即
身成佛義」、「聲字實
相義」、「吽字義」等
著作

■ 布施

　　即以慈悲心而施與福利給他人。所以布施原為佛陀勸導優婆塞等的行法，本來的意義乃是以衣、食等物施與大德及貧窮者；至大乘時代，則為六波羅蜜之一，再加上法施、無畏施二者，擴大布施的意義。亦即指施與他人以財物、體力、智慧等，為他人造福成智而求得累積功德，以致解脫的一種修行方法。

大威光菩薩讚嘆過去無量諸佛能捨布施於彼自身，修行淨治最殊勝行

的智光明；了知一切佛決定解莊嚴成就海的智光明；了知法界無邊佛現一切眾生前神通海的智光明；了知一切佛力、無所畏法的智光明。

這時，大威光菩薩得到以上的無量智慧光明之後，承受著佛陀威神力的加持，宣說如下的偈頌：

「我聞佛陀微妙法門，而得智慧廣大光明，
　以是親見於佛世尊，往昔所行眾勝妙事。
　一切所生之諸處所，名號妙身等等差別，
　以及供養於諸佛陀，如是我皆咸親睹見。
　往昔諸佛之諸所在，一切悉皆能承奉事，
　無量劫來精勤修行，莊嚴清淨諸佛剎海。
　能捨布施於彼自身，廣大無邊無有涯際，
　修行淨治最殊勝行，莊嚴清淨諸佛剎海。
　眼耳鼻舌頭手及足，及以一切諸般宮殿，
　捨之布施無有限量，莊嚴清淨諸佛剎海。
　能於一一剎土之中，億劫不可思議之時，
　修習勝妙大菩提行，莊嚴清淨諸佛剎海。
　普賢廣大願力之海，一切諸佛大海之中，
　勤能修行無量妙行，莊嚴清淨諸佛剎海。
　如因日光之所照耀，還能親見於此日輪，
　我以佛陀智慧光明，能見佛所行之道。
　我觀諸佛眾剎海中，清淨廣大殊勝光明，

Vairocana
大日如來

➤ 佛曆 1366

公元 822

§ 白居易參與杭州龍興寺
　華嚴社

§ 日本東大寺建立灌頂道
　場（真言院）

大威光菩薩在一切功德山頂彌勝雲佛的尊前，心中得到了悟

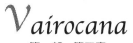

寂靜親證廣大菩提，法界悉能普周遍滿。

我當行如諸佛世尊，廣爲清淨諸佛刹海，

以佛威神加持之力，修習勝妙大菩提行。」

　　這時大威光菩薩因爲親見一切功德山須彌勝雲佛，並且承事供養的緣故，在如來的所在，心中得到了悟。他爲一切的世間顯示了佛陀往昔的修行勝海，顯示了往昔修習的菩薩行方便，顯示了一切佛陀的功德大海，顯示了普入於一切法界的清淨智慧，顯示了在一切道場中成佛的自在威力，顯示了佛力的無畏，無差別智慧，顯示了普遍示現如來的妙身，顯示了不可思議的佛陀神變，顯示了莊嚴無量清淨的佛土，也顯示了普賢菩薩的所有願行。他令廣大如須彌山微塵數般的眾生發起了菩提心，也令佛刹微塵數的眾生成就了佛陀清淨的國土。

　　這時，一切功德山須彌勝雲佛爲大威光菩薩宣說如下的偈頌：

　　「善哉大威光菩薩，福藏廣大善名稱，

　　　爲利眾生之緣故，發心趣向菩提道。

　　　汝獲大智慧光明，法界悉皆普充遍，

　　　福德智慧咸廣大，當得甚深智慧海。

　　　於一刹中勤修行，經於刹土微塵劫，

　　　如汝今日見於我，當獲如是勝智慧。

　　　非諸劣下之行者，能知如此勝方便，

Vairocana
大日如來

➤ 佛曆 1374

公元 830

§ 空海大師著有「十住心論」、「秘藏寶鑰」

▓ 導師

　　在佛教中指教化引導眾生入於佛道的聖者。特指釋尊,或為佛、菩薩的通稱。導師又作導首。《釋氏要覽》卷上引《十住斷結經》謂,令眾生類示其正道,所以稱為導師;又引《華首經》謂,能為人宣說無生死之道,所以稱為導師。《法華經》卷五〈從地踴出品〉舉出菩薩眾中有「上行」、「無邊行」、「淨行」、「安立行」等四導師,謂此四菩薩為眾中最上首唱導之師。以上皆以諸佛、大菩薩等名為導師。

　　後世對於在法會中,敘述願文、表白,而引導一座的大眾者,亦稱為導師,為法會儀式的中心人物。

佛陀是一切眾生的導師

獲得廣大精進力，乃能清淨眾刹海。

能於一一微塵中，無量劫來勤修行，

彼人乃能親證得，清淨莊嚴諸佛刹。

能為一一之眾生，輪迴經於時劫海，

其心不生疲懈意，當成世間大導師。

供養一一之佛陀，悉盡未來之時際，

心無暫時之疲厭，當成無上之佛道。

三世一切諸佛陀，當共滿足汝大願，

一切諸佛眾會中，汝身皆能安住彼。

一切諸佛陀如來，誓願廣大無有邊，

大智通達一切者，能知如此勝方便。

大智光明供養我，故獲廣大之威力，

能令塵數諸眾生，成熟趣向大菩提。

所有修習普賢行，一切大名稱菩薩，

莊嚴諸佛刹土海，法界皆悉普周遍。」

Vairocana
大日如來

■ **念佛三昧──諸佛的共行**

　　念佛三昧是指以念佛為觀想內容的一種禪定亦即觀念佛德或稱念佛名之三昧。

　　專注且相續不斷地念「念佛三昧」的相狀或佛的威神力，念佛的智慧、毫相、相好等，念其本願、稱誦名號等，總稱為念佛三昧。

　　念佛的本意在憶念、追想，由內在的思憶表現於外者即為稱念，稱念配合深入的觀想，於清醒、睡夢、禪定等時候，皆念念不離於佛，所以此亦稱為般舟三昧。

大威光童子見到波羅蜜善眼莊嚴王如來成就正覺時，就即時證得念佛三昧

02 毘盧遮那佛的過去生因緣之二 ：
波羅蜜善眼莊嚴佛

在過去久遠時劫裡，一個大莊嚴劫當中，有恆河沙數的小劫，而當時人類的壽命只不過是二小劫，而這位一切功德須彌勝雲佛的壽命爲五十億歲。

當一切功德須彌勝雲佛滅度之後，有另外一位佛陀出世，名爲：波羅蜜善眼莊嚴王如來。波羅蜜善眼莊嚴王如來也是於摩尼華枝輪大林當中成就正覺而成爲佛陀。

這時，大威光童子見到波羅蜜善眼莊嚴王如來成就了正等正覺之後，示現神通之力，即時得證了念佛三昧，名爲：無邊海藏門念佛三昧；也即時得證總持陀羅尼的境界，名爲：大智力法淵陀羅尼；又即時得證大慈的境界，名爲：普隨眾生調伏度脫大慈；又即時證得了大悲的境界，名爲：遍覆一切境界雲大悲；又即時證得了大喜的境界，名爲：一名功德海威力藏大喜；又即時證得了大捨的境界，名爲：法性虛空、平等清淨大捨；又即時證得了般若波羅蜜，名爲：自性離垢法界清淨身般若波羅蜜；又即時證得了神通境界，名爲：無礙光普隨現神通；又即時證得了辯才無礙，名爲：善入離垢淵辯才；又即時證得了智慧光明，名爲：一切佛法清淨藏智慧光明。大威光童子通達了以上等等的萬種法門。

Vairocana
大日如來

➡ 佛曆 1379

公元 835

§ 空海大師於高野山入定

留身

• 金剛界大日如來

■ 善逝

善逝為佛陀的十號之一。意即進入種種甚深三摩提與無量妙智慧之中。又有「好說」的意思，謂佛陀如諸法的實相而說法，不著於法愛而說法，並能觀察弟子的智慧力，或宣說布施，或宣說涅槃，乃至說五蘊、十二因緣、四諦等諸法，而導引入於佛道。

佛陀的十號之中，第一為如來，第五為善逝。如來，即乘如實之道，而善來此娑婆世界之義；善逝，即如實去往彼岸，不再退沒於生死海之義。此二名用以顯示諸佛來往自在的特德。

■ 法王

法王為㈠佛的尊稱。王有最勝、自在的意思，佛為法門之主，能自在教化眾生，所以稱法王。《無量壽經》卷下記載：「佛為法王，尊超眾聖，普為一切天人之師。」

㈡菩薩的尊稱。據華嚴經卷二十七載，菩薩於受職時，諸佛以智水灌此菩薩頂；以其具足佛的十力，亦能轉十善道，所以稱為灌記頂法王。

　　這時，大威光童子承受著佛陀威神力的加持，為一切從
屬宣說如下的偈頌：

「不可思議億時劫中，導世明師難一值遇，
　此土眾生多具善利，而今乃得見第二佛。
　佛身普放廣大光明，色相無邊極為清淨，
　如雲充滿一切剎土，處處稱揚佛陀功德。
　光明所照咸生歡喜，眾生有苦悉皆除滅，
　各令恭敬生起慈心，此是如來自在妙用。
　出生不思議變化雲，垂放無量色光明網，
　十方國土悉皆充滿，此佛神通力之所現。
　一一毛孔示現光雲，普遍虛空發大音聲，
　所有幽冥靡不照耀，地獄眾苦咸令除滅。
　如來妙音遍滿十方，一切言音咸具演說，
　隨諸眾生宿世善力，此是大師神變力用。
　無量無邊眾生大海，佛於其中皆能出現，
　普轉無盡勝妙法輪，調伏一切諸眾生等。
　佛神通力無有邊際，一切剎中悉皆出現，
　善逝如是智慧無礙，為利眾生圓成正覺。
　汝等應生歡喜之心，踊躍愛樂究極尊重，
　我當與汝同詣彼處，若見如來眾苦消滅。
　發心迴向趣大菩提，慈念一切諸般眾生，
　悉住普賢廣大願海，當如法王得大自在。」

➤ 佛曆 1380

公元 836

§ 日本東大寺真言院建立
灌頂道場，置二十一僧
修持息災增益法以鎮護
國家，定為恆例

■ 灌頂

灌頂即以水灌於頭頂，受灌者即獲晉陞一定地位的儀式。原為古代印度帝王即位及立太子的一種儀式，國師以四大海的海水灌其頭頂，表示祝福。

密教所行的灌頂，總稱為祕密灌頂（略稱密灌）。佛教諸宗中，以密教特重灌頂，其作法係由上師以五瓶水（象徵如來五智）灌弟子頂，顯示繼承佛位的意義。灌頂作法之種類繁多，主要為結緣灌頂、學法灌頂、傳法灌頂三種。

灌頂大壇

　　大威光童子由於佛陀威神力的加持，在宣說這則偈頌時，他的聲音完全沒有任何障礙，一切世界都能夠聽聞得到，無量眾生也同時出發起了菩提心。

　　這時，大威光王子與他的父母，以及所有的從屬，更有無量百千億那由他數的眾生，在宛如雲彩遍覆虛空的寶蓋之下，前後圍繞，共同來拜謁波羅蜜善眼莊嚴王如來的道場。佛陀也為他們宣說法界體性清淨莊嚴修多羅，伴隨著這部經典的，則有世界海微塵數的修多羅為其從屬。

　　這時，大眾聽聞了這部經典之後，就證得了清淨的智慧，名為：入一切淨方便清淨智；得證了菩薩地的境界，名為：離垢光明地；得證了能到彼岸的波羅蜜輪，名為：示現一切世間愛樂莊嚴波羅蜜輪；得證了增廣行持之輪，名為：普入一切剎土無邊增光明清淨見增廣行輪；得證了趣向菩提勝行之輪，名為：離垢福德雲光明幢趣向行輪；得證了隨順入證之輪，名為：一切法海廣大光明隨入證輪；得證了轉深發心的趣向菩提勝行，名為：大智莊嚴轉深發趣行；得證了灌頂智慧海，名為：無功用修極妙見灌頂智慧海；得證了顯現大光明，名為：如來功德海相光影遍照顯了大光明；得證了出生願力的清淨智慧，名為：無量願力信解藏出生願力清淨智。

　　這時，波羅蜜善眼莊嚴王佛為大威光菩薩宣說了如下的偈頌：

Vairocana

大日如來

➡ 佛曆 1403

公元 859

§ 志寧編集《華嚴經合

論》一百二十卷

■ 深心

深心在佛典中有很多不同的解釋。通常是指深求佛道的心，或是指掃除猶疑不定，而對佛法產生真實深信的心，或指樂集各種功德善行，又生起深信愛樂的心。《六十華嚴經》卷二十四中列舉十種深心的名稱：「何等為十？一淨心，二猛利心，三厭心，四離欲心，五不退心，六堅心，七明盛心，八無足心，九勝心，十大心。」依這十種深心的名義，可了知深心發起的十種面向。

「善哉功德智慧大海，發心趣向大菩提行，

　汝當得佛不可思議，普爲眾生作依怙處。

　汝已出生大智慧海，悉能遍了一切法要，

　當以難思勝妙方便，入佛無盡所行境界。

　已見諸佛大功德雲，已入無盡智慧妙地，

　諸波羅蜜方便大海，大名稱者皆當滿足。

　已得方便總持要門，及以無盡大辯才門，

　種種行願悉皆修習，當成無等大智慧者。

　汝已出生諸大願海，汝已入於大三昧海，

　當具種種大神通力，不可思議諸佛妙法。

　究竟法界不可思議，廣大深心已得清淨，

　普見十方一切諸佛，離垢莊嚴眾刹土海。

　汝已入我大菩提行，昔時本事眾方便海，

　如我修行所清淨治，如是妙行汝皆了悟。

　我於無量一一刹中，種種供養諸佛大海，

　如彼修行所得勝果，如是莊嚴汝咸親見。

　廣大劫海無有窮盡，一切刹中修清淨行，

　堅固誓願不可思議，當得如來此神威力。

　諸佛供養盡無有餘，國土莊嚴悉皆清淨，

　一切劫中深修妙行，汝當成佛具大功德。」

Vairocana

大日如來

➡ 佛曆 1429

公元 885

§ 日僧安然著《胎藏金剛菩提心義略問答抄》五卷

■ 轉輪聖王

轉輪聖王是佛教政治理想中的統治者。意譯又作轉輪王、輪王或飛行皇帝。依佛典所載，轉輪聖王係指成就七寶，具足四德（長壽不大、身強無意、顏貌端正、寶藏盈滿），且在其統治下，國土豐饒、人民安樂　以正法治世的大帝王。相傳輪王出現的時候，世間也同時會有七寶（金、銀、琉璃、珊瑚、琥珀、硨磲、瑪瑙）出現。

轉輪聖王

03 毗盧遮那佛的過去生因緣之三 ：
最勝功德海佛

　　當波羅蜜善眼莊嚴王如來進入涅槃之後，喜見善慧王也接著去世了，大威光童子繼承了轉輪聖王位。

　　這時，在摩尼華枝輪的大林當中，第三位如來又出現於世間，這位如來名為：最勝功德海佛。此時，大威光轉輪聖王見到了最勝功德海如來成佛之相，旋即與所有的眷屬，及隨從的四兵（象兵、馬兵、車兵、步兵）大眾，和城邑聚落裡的所有人民，持著七寶，一起前往佛陀的道場。他們以一切香摩尼莊嚴的大樓閣供養佛陀。

　　這時，最勝功德海如來在樹林之中宣說菩薩普眼光明行修多羅，這部經典有世界海微塵數量的修多羅做為從屬。這時，大威光菩薩聽聞這個法之後，證得了三昧禪定，名為：大福德普光明三昧。由於證得這個三昧的緣故，能夠了知一切菩薩、一切眾生於三世中的福海與非福海。

　　這時，最勝功德海佛為大威光菩薩宣說如下的偈頌：
「善哉福德大威光菩薩，汝等今日已來至我所，
　愍念一切眾生大海故，發起殊勝菩提大願心。
　汝為一切諸苦惱眾生，生起大悲心令得解脫，
　當作群迷大眾所依怙，是則名為菩薩方便行。

Vairocana

大日如來

➡ **佛曆** 1438

公元 894

§ 日僧無空擔任金剛峰寺
座主

■ 一切智

　　一切智指了知內外一切法相的智慧。梵文音譯為薩婆若、薩云然。關於其義，《仁王護國般若波羅蜜多經》卷下記載：即如實了知一切世界、象生界、有為、無為事、因果界趣之差別，及過去、現在、未來三世者，稱為一切智。

一切智毘盧遮那佛

若有菩薩心生堅固意，修諸勝行無有厭怠心，
最勝最上具足無礙解，如是妙智彼當能得證。
是名福德光者福幢者，亦為福德處者福海者，
普賢菩薩所有大願力，是汝大光明所能趣入。
汝能以此廣大殊勝願，趣入不可思議諸佛海，
諸佛福德大海無有邊，汝以妙解悉皆能得見。
汝於十方佛國剎土中，悉見無量無邊諸佛陀，
彼佛往昔一切修行海，如是一切汝皆咸親見。
若有住此殊勝方便海，必得趣入於智慧地中，
此是隨順一切諸佛學，決定圓滿當成一切智。
汝於一切剎土大海中，微塵劫海勤修諸勝行，
一切如來所有諸行海，汝皆學已當圓成佛陀。
如汝所見十方國土中，一切剎海極莊嚴清淨，
汝剎莊嚴清淨亦如是，具無邊大願者所當得。
今此道場眾會大海中，聞汝願已心中生欣樂，
皆入普賢殊勝廣大乘，發心迴向趣入大菩提。
無邊一一佛國剎土中，悉皆趣入修行經劫海，
以諸大願力而能圓滿，普賢菩薩一切廣大行。」

Vairocana
大日如來

➡ 佛曆 1465

公元 921

§ 日僧觀賢再請賜空海諡
號「弘法大師」

離垢福德幢天王與諸天眾，從天上而下寶華雲來供養佛陀

04 毗盧遮那佛的過去生因緣之四 ：
普聞蓮華眼幢佛

　　當時，在這片摩尼華枝輪大林之中，接著又有一位佛陀出世，這位佛陀的名號為：名稱普聞蓮華眼幢佛。

　　當時，大威光菩薩於此命終，再出生於須彌山上的寂靜寶宮的天城中，成為大天王，名為：離垢福德幢天王。此時他與諸天眾一齊來到佛陀的道場，從天上雨下寶華雲來供養佛陀。

　　這時，名稱普聞蓮華眼幢如來為離垢福德幢天王演說廣大方便普門遍照修多羅，這部經典有世界海微塵數量般眾多的修多羅做為從屬經典。

　　此時，天王及大眾聽聞了這部經典之後，證得了禪定三昧，名為：普門歡喜藏三昧。以這個三昧的威力，能進入於一切法的實相之海。他們獲得了此一利益之後，離開道場，復歸於本處。

Vairocana
大日如來

公元 940

§ 高麗國開泰寺落成，設
落成華嚴法會

一切智毘盧遮那佛曼荼羅（12世紀 或 13世紀 初）

第三章　大日如來的淨土世界

　　密教的淨土，從現前的法界，安住在中觀的空性之後，又從空性中出生，把整個現前的法界攝入，而直接以現前的現象，來融攝證入佛法的體系，所以我們的身體可以是如來的淨土，而一切法界體性也都是淨土。

　　密嚴淨土又稱為密嚴國或密嚴佛國，是毘盧遮那佛所得果地圓滿，遠離一切過患，具足智慧神通所示現的淨土。

　　密嚴淨土在《密嚴經》中是胎藏界和金剛界二界的大日如來所依止之處，這其實是我們眾生本具的如來藏識，與修道之後所成證的法界體性智相應現前的境界。

　　東密的淨土主要是密嚴淨土，而在藏密的系統主要也是密嚴淨土，但是由於藏密淨土到後期時產生了許多變化，而攝入了無上瑜伽部的許多本尊壇城。但是仍以密嚴淨土為最主要的，再把十方的淨土收攝在他的國土中，而變成了有密嚴淨土、十方淨土、諸天修羅宮等等佛土。

　　對這些佛土除了以密嚴淨土為主之外，諸佛之外的一切護法空行、一切金剛持等等也都是大日如來的等流身，所以一切的佛土無非是大日如來等流所示現的佛土。

Vairocana
大日如來

➡ **佛曆** 1515

公元 971

§ 杭州五雲山華嚴院建立

金剛界曼荼羅

　　依據密教的觀點而言，密嚴淨土是以如來藏無垢淨識，也就是第九識——如來藏識爲體，是法身大日如來所安置之處，若以五方五佛來配九識，在第九意識的菴摩羅識相當於佛部的大日如來，所以以無垢識爲體性的密嚴淨土乃爲大日如來的住處，若相應於顯教其他宗派的淨土觀時，則爲常寂光土與法身如來身土不二的境界。但是一般而言，常寂光土和法身如來是大光明藏的境界，並不具足任何色相，而密教淨土中則顯示出莊嚴的色相。

　　這樣子的密嚴淨土，其實是跟《華嚴經》蓮華藏世界是有關係的，但是在密教中又特別顯現出與華嚴世界的不同，而稱爲秘密莊嚴蓮華藏世界，此世界不是一般凡夫所了知，也不是二乘聖者及一般下地菩薩所能了知，因此稱爲秘密；能夠具足法性萬德，圓滿莊嚴，故稱爲「莊嚴華藏」，這是密教爲了顯示他們的特別殊勝不同之處，所宣說的。

　　在此處，爲了顯示大日如來的各種淨土，以下將爲大家介紹：密嚴淨土、金胎兩界曼荼羅與《華嚴經》中的蓮華藏世界海。

Vairocana
大日如來

➤ 佛曆 1590

公元 1046

§ 高麗國於乾德殿設置華
嚴經道場

大日如來的淨土：密嚴淨土

01 大日如來的淨土：密嚴淨土

　　我們從密教的淨土來看，會發覺密教淨土在方位與體性
上有特別的地方。密教雖然收攝了整個大乘佛法所宣講的十
方淨土，但一般大乘佛法的十方淨土，基本上都是在某個方
位中有某種因緣，其菩薩發心修行，經過無量時劫的修持圓
滿，而成證佛果，所建立的淨土。

　　在密教的淨土中雖然也講方位，然這方位的意義與原來
大乘佛法的方位意義有所不同；因為密教淨土的方位不是從
諸佛如來的因緣當中來建立的淨土，而是直接從法界的性質
當中來安立的。

　　譬如密教是從地、水、火、風、空這五大當中來安立淨
土與諸佛，所以五方佛中央的毘盧遮那佛、東方的不動佛、
西方的阿彌陀佛、南方的寶生如來、北方的不空成就佛，都
代表這地、水、火、風、空的體性。這是以五大的體性來建
立的淨土。

　　本然的五大體性是各有特性，而我們眾生也具足五大的
體性，整個法界也具足五大體性，所以自身與外境是內外統
一的。在這整個法界具足五大的體性下，依據緣起的觀點與
傳承的觀念，建立五方代表五大體性，而這五大體性都是本
然法爾。這本然法爾具足五大體性，從這五大體性裏面在清

Vairocana
大日如來

§ 遼·覺苑著《大日經義

釋演密鈔》十卷

§ 高麗國王文宗行幸興王

寺，轉讀新成金字《華

嚴經》

轉	第九識	第八識	第七識	第六識	前五識
五智	法界體性智	大圓鏡智	平等性智	妙觀察智	成所作智
五佛	毘盧遮那佛	阿閦佛	寶生佛	阿彌陀佛	不空成就佛
方位	中	東	南	西	北
五印	智拳印	觸地印	與願印	禪定印	施無畏印

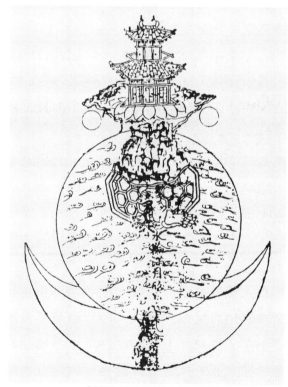

金剛法界宮即是密嚴淨土

淨位時成為「理土」，即是胎藏世界，是在理上所建立的眾生因位淨土。

　　若從意識中生出的智慧，圓滿了五方佛，出生五智如來，即是具足了智慧，展現出金剛界曼荼羅。所以說我們要了解密教淨土，必須要了解地、水、火、風、空、識六大的體性。

　　六大的建立，是地、水、火、風、空五大為根本，而這五大特性的根本，是沒有雜染的世界，就是法界現前一如。

　　在這當中，我們修行成就之時，會產生許多如幻、不可思議的境界。當我們修證成佛時，事實上我們自身即具五智如來。從我們的本初法界本性，也就是菴摩羅識（第九識），即無垢如來藏識當中能夠出生圓滿的智慧——法界體性智。

　　從法界體性智的現生當中，我們現前成就金剛界的大日如來。大日如來所出生的地方就是金剛法界宮即是密嚴淨土；這密嚴淨土金剛法界宮出生的大日如來，能夠將我們的前八識轉成智識。第八意識在東方，轉成了大圓鏡智，第七意識在南方轉成平等性智；第六意識在西方轉成了妙觀察智，前五意識在北方轉成成所作智。

　　在這轉識成智中，毘盧遮那如來化現了前八識而成就五智，也就是毘盧遮那佛化現了四方四佛。

　　這五大當中，中央的毘盧遮那如來代表空大，也代表法

Vairocana

大日如來

➡ 佛曆 1678

公元 1134

§ 高麗國王仁定召請山僧

繼續宣講《華嚴經》

在密教中，自身的頂輪是一切忿怒本尊(上圖)，心輪是一切寂靜本尊(下圖)

界體性智；東方的不動如來代表水大，也代表大圓鏡智；南
方的寶生如來代表地大，也代表平等性智；西方的阿彌陀佛
代表火大，也代表妙觀察智；北方的不空成就如來代表風
大，也代表成所作智。

密教淨土的示現

　　在成證廣大的金剛界廣大曼陀羅，成證轉五大為五智，
轉九識為五智的因緣中，毘盧遮那佛現前化現了四方四佛，
而四方四佛現化現了四大供養菩薩，供養毘盧遮那佛，毘盧
遮那佛又現種種的供養菩薩供養四方四佛。如此整個法界、
整個密嚴淨土，就在清淨的如來藏識中如實的現起。所以這
即是直接以五大體性而以六大常瑜珈來現起金剛法界宮。

　　因此，個體的五大與法界的五大，在此得到統一，而自
身成就毘盧遮那如來，整個法界就是毘盧遮那如來的法身淨
土。這樣的法身淨土隨因隨緣中所如實顯現的報身土，即是
十方諸佛的淨土。報身在十方世界中因緣幻化，度救眾生，
即是化土。

　　如此從五大體性直顯來做為淨土的建立，到後期的密宗
將此應用的更加廣泛；我們觀察後期的密宗，可發現後期密
宗常常直接以自身的體性來作為淨土，自身的心輪就是寂靜
的本尊所位處，自身的頂輪就是一切忿怒本尊所住之處，自
身即具一切十方淨土，身內身外所有的地、水、火、風、空

Vairocana
大日如來

佛曆 1720

公元 1176

§ 日本運慶造大日如來木
像（圓成寺現存）

• 中台八葉院（胎藏界）

■ 曼荼羅——密教的壇城

曼荼羅梵語 maṇḍala，西藏語 dkyil-ḫkhor。又作曼陀羅，又由於梵語 maṇḍa 乃精製牛乳為醍醐的意思，所以曼荼羅表佛果的醇淨融妙，有極無比味、無過上味的意。而後世密教則認為，曼荼羅主要是聚集之意，亦即諸佛、菩薩、聖者所居處的地方。意譯為壇、壇場、輪圓具足、聚集。

印度修密法時，為防止魔眾侵入，而劃圓形、方形的區域，或建立土壇，有時亦於其上畫佛、菩薩像，法事完畢即將之摧毀；所以一般以區劃圓形或方形的地域，稱為曼荼羅，認為區內充滿諸佛與菩薩，所以亦稱為聚集、輪圓具足。

印度築土壇，係於其上繪圖出諸尊，事後再將其破壞，但我國及日本則專用紙帛繪圖出諸佛菩薩尊。日本東密，係指於金剛界所繪出金剛界曼荼羅，於胎藏界繪畫出胎藏界曼荼羅等的兩部曼荼羅（兩界曼荼羅）。在台密，則以蘇悉地法用雜曼荼羅。又兩部曼荼羅的圖樣因經及儀軌不同而有異，現在流行的圖示曼荼羅，稱為現圖曼荼羅。

曼荼羅有四種，稱為四種曼荼羅，簡稱四曼。依《金剛頂經》的說法為：大曼荼羅，三昧耶曼荼羅、法曼荼羅、羯磨曼荼羅。

即是淨土。

　　這當中可以說是將《華嚴經》中的身土一如的思想，施展到極點。而將無限幻化的淨土直接以色身示現，可以說把《大乘莊嚴寶王經》中觀世音菩薩的身體毛孔都能示現淨土，及在《華嚴經》中所有淨土都是菩薩所生，這樣的觀點應用到了極限。

　　當我們看密教的淨土時，必須了解，他是從現前的法界，安住在中觀的空性之後，又從空性中出生，把整個現前的法界攝入，而直接以現前的現象，來融攝證入佛法的體系，所以我們身體可以是如來的淨土，而一切法界體性也都是淨土。

　　而東密的淨土則是收攝在金、胎二界廣大的曼陀羅當中，這在初期密教的經典中是隨處可見的。

Vairocana
大日如來

➤ 佛曆 2181

公元 1637

§ 觀衡印刻《華嚴經綱
要》八十卷

胎藏界曼荼羅（日本　長谷寺）

02 大日如來淨土的具體展現：
金、胎兩界曼荼羅

　　密教的壇城其實就是密教淨土的具體示現。這些曼荼羅在東密除了獨部法之外，最主要是依二部大法即金剛界九會和胎藏界十三院構成的壇城；在藏密雖然有金剛界壇城，但主要是以每一個本尊為主，沒有像東密一般重視金、胎二部的完整，但其每一個壇城也都十分廣大。

　　胎、金曼荼羅又包含：因、果曼荼羅，理、智曼荼羅，東、西曼荼羅等的不同名稱。

　　胎、金為平等與差別的二門，理表平等，智表差別。又理是本有，智是修得，亦可配本覺、始覺。若配因果，則胎藏是表詮眾生本具之理，故為因；金剛是表詮觀行成就，開顯如來五智之德，故為果。就方位而說，胎藏為東，金剛為西。如配於六大，則胎藏是色，相當於前五大；金剛是心，相當於第六的識大。

　　如圖示：

兩曼 $\begin{cases} 胎藏界－理－平等－本有－本覺－因－東－五大 \\ 金剛界－智－差別－修性－始覺－果－西－識大 \end{cases}$

　　如上，雖然兩部相對，但是，本來六大無礙，色心不二，故胎金相互鎔融相即，表現一體的兩面，恰似圓珠的前

Vairocana
大日如來

➤ 佛曆 2218

公元 1674

§ 琉球護國寺賴昌法印，
   由日本請去弘法大師像
   安奉於該寺

■ 《大日經》──密教根本經典之一

《大日經》凡七卷，為唐代善無畏、一行、寶月等譯。又作《毘盧遮那成佛經》、《大毘盧遮那成佛神變加持經》。為真言三部經之一。係密宗胎藏界的根本大經，與《金剛頂經》同為日本東、台兩密所依止的聖典。

本經乃大日世尊在金剛法界宮所說，意旨在開示一切眾生本有清淨菩提心所具足的無盡莊嚴藏，標示以本有本覺曼荼羅為主旨，並宣說身體、語言、心意三密的方便。本經共計三十六品，全經以「菩提心為因，大悲為根，方便為究竟」三句，統釋全經的宗旨。

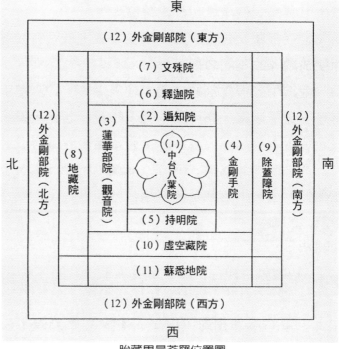

胎藏界曼荼羅位置圖

後、玉鏡的表裡，是二而不二的，此爲胎金不二的曼荼羅亦即爲密嚴淨土的具象顯現。

(一)胎藏界

胎藏界名稱的由來

胎藏界（梵 Garbhakośa dhātu）音譯爲蘗婆矩奢馱都、蘗喇婆馱覩。全稱爲大悲胎藏生。在《大日經疏》卷三中以胞胎、蓮花二喻來解釋「胎藏」之義：

1.胞胎的意義：以意識種子爲母胎所覆藏，諸根具足，不久將誕生發育，學習各種技藝，爾後施行於事業之中來比喻。這就好像凡夫眾生原本的體性中有一切智心，由發起菩提心學習大悲萬行，而顯現其清淨之心。後來發起方便，自我利益又利益他人，圓滿究竟的境地，所以名爲大悲胎藏生。

2.蓮花的譬喻：以蓮花的種子爲譬喻，雖然種子在堅殼之中，但是枝條花葉的體性已宛然具足，以此來譬喻世間種子的心。當這個心的種子從發芽、漸次成長，乃至初生花苞時，蓮臺果實已隱藏於葉藏之內，譬如出世間的心尚在蘊育之中；又由這個葉藏的包藏，不爲風寒眾緣所傷害破壞，淨色鬚蕊日夜滋生繁榮，猶如大悲胎藏即已成就。而在日光的照耀中，花正開放，譬如方便滿足。

因此，可以了知胎藏有含藏覆護、攝持之義，表詮所攝

Vairocana
大日如來

━━━▶ 佛曆 2295

公元 1751

§ 位於中國浙江杭州西湖
畔的昭慶寺，其戒壇由
方八間之石壇作成，壇
上供金色毘盧遮那佛，
四方石壁各刻有十五尊
護戒神

胎藏界曼荼羅（13-14 世紀）

持含藏如來一切功德的「阿字本不生」之理，如母胎能攝持護育幼兒，即稱為胎藏界。

胎藏界曼荼羅的意義

　　胎藏界曼荼羅（梵名：kośa）的全名是大悲胎藏生曼荼羅，它是根據密教根本經典之一的《大日經》所圖繪而成的。

　　除了《大日經疏》卷三的解釋外，在卷五中又說：以菩提心為因，以大悲為根，而以方便為究竟者，此三者即是心實相花台，大悲胎藏開敷，以大悲方便現作三重普門眷屬，以此意義，所以名為大悲胎藏曼荼羅也。

　　「佛陀瞿呬耶疏」中解釋道：「大悲本所生者，此曼荼羅從大悲生，世尊得一切智智後，以大悲力，出生身等無盡莊嚴曼荼羅，故云從大悲生。本所者，是生之根源，彼大悲者，是此曼荼羅生之所依；或從此曼荼羅出生大悲，是則從曼荼羅門出生如來大悲功德等，令得一切智智故。」

　　這也就是說：大悲胎藏曼荼羅是從佛陀的大悲願力出生，為了化度救濟眾生而示現種種的身相，為種種的有情眾生來宣說種種的微妙教法；也依種種眾生的根性，開出相應本誓的心願，以此身體、語言、心意三密無盡莊嚴藏為對境，所圖繪而成的莊嚴形像，稱為大悲胎藏生曼荼羅。

　　如此的解說，是從佛陀攝化眾生的「向下門」來說明，如果從眾生修證的「向上門」來解明，則是一切眾生觀見此

Vairocana
大日如來

➡ 佛曆 2458

公元 1914

§ 羅迦陵於上海創辦「華
嚴大學」

■ **大曼荼羅**

　　指諸尊的相好具足身，乃依五相
三密妙行而成佛的加持受用身。相當
於金剛界九會曼荼羅中的成身會。

■ **三昧耶曼荼羅：**

　　指刀劍、輪寶、金剛、蓮華等諸
尊本誓的標幟，相當於金剛界曼荼羅
中的三昧耶會。

■ **法曼荼羅：**

　　指諸尊的威儀事業，相當於金剛
界曼荼羅的微細會。

■ **羯磨曼荼羅：**

　　指諸尊的威儀事業，相當於金剛
界曼荼羅的供養會。

曼荼羅，依此來修行，終能開啓明悟自心的大悲菩提。

　　因此大悲本質生曼荼羅，一方面是表示佛陀的大悲功德所發生的身語意三密無盡莊嚴藏的妙行；另一面，則是在修行者心中體現佛陀的大悲生無盡莊嚴藏。所以稱爲曼荼羅。

胎藏界曼荼羅的組織架構

　　胎藏曼荼羅是根據《大日經》圖繪而成的，《大日經》的中心教義，就是「菩提心爲因」、「大悲爲根」、「方便爲究竟」這三句。因此胎藏界曼荼羅的組織也就是以這三句的意理，而描繪出三重現圖曼荼羅。

　　關於胎藏曼荼羅的圖位，各家說法極不一致，常見的說法，有以下三種：

　　1.經疏曼荼羅：即《大日經》和《大日經疏》中所說的圖位。《大日經》〈具緣品〉中所說屬於大曼荼羅，表示身無盡莊嚴藏；〈轉字輪品〉中所說屬於法曼荼羅，表示語無盡莊嚴藏；〈祕密曼荼羅品〉中所說屬於三昧耶曼荼羅，表示意無盡莊嚴藏。這三種表示中，則以〈具緣品〉所說的大曼荼羅爲圖位的基本依據。

　　2.阿闍黎所傳曼荼羅：是善無畏三藏在他所著的兩部儀軌《攝大毗盧遮那成佛神變加持經入蓮花胎藏海會悲生曼荼羅廣大念誦儀軌方便會》（簡稱《攝大軌》）和《大毗盧遮那經廣大儀軌》（簡稱《廣大軌》）中所說的圖位。

Vairocana
大日如來

佛曆 2508

公元 1964

§ 韓國法住寺的大雄寶
殿，供奉法身毘盧遮那
佛、報身盧舍那佛、化
身釋迦牟尼佛

胎藏界的大日如來

3.現圖曼荼羅：即現行流布的圖畫曼荼羅中的位次。

在胎藏界曼荼羅中，第一重是中台八葉院，以八葉蓮花代表菩提心德。胎藏界以蓮花表示心，以蓮花八瓣來表示眾生心輪八瓣的肉團心，依據《大日經疏》卷四所指的肉團心而言，密教謂觀想凡夫的汗栗馱（即肉團心、心藏）為八葉蓮華，以開顯自己的佛身，所以眾生的真實心稱為汗栗馱（梵：hṛd）。就好比樹木之心。是指萬物所具的本質，為中心的「心」；亦如同萬法具有真如法性的真實心，即指如來藏心，並不是指緣慮思惟的心。

凡夫的心形狀如蓮花合閉而未開，而佛陀之心則如同已開敷的蓮花。心的梵語又有另一種說說，為 citta（質多），是指具有緣慮思惟作用的心王、心所等，或指心要的意思。

在中台八葉院中，是要讓我們在自心中觀察到中台八葉中，九位聖尊的妙德，並發現自己原本所具足的菩提心。所以，以中台八葉來代表菩提心的妙德，如同顯教所謂的如來藏，密教的阿字本不生，是顯示一切眾生皆有佛性，亦即是六的總稱。是第一重受用身的曼荼羅。而第二重則代表大悲的妙德，第三重則代表攝化方便的妙德。

第二重上方的釋迦院，是以悲智二德顯現變化身的釋迦牟尼佛為主尊，表示方便攝化的妙德，此有三十九尊。上方第三重是文殊院。在此文殊院、除蓋障院、地藏院、虛空藏院、蘇悉地院等五院，都是為了開發中台大日如來，三重無

Vairocana

大日如來

➡️ 佛曆 2513

公元 1969

§ 韓僧雲虛宣講《華嚴
經》，為期八個月

■ 蓮花中台八葉院諸尊皆與大日如來同為一體

1.毗盧遮那如來（中）

2.寶幢如來（上）　　　　6.普賢菩薩（左上）

3.開敷華王如來（左）　　7.文殊師利菩薩（左下）

4.無量壽如來（下）　　　8.觀自在菩薩（右下）

5.天鼓雷音如來（右）　　9.彌勒菩薩（右上）

盡莊嚴藏的實相，而證悟向上的菩薩大眷屬曼荼羅。

　　最外一重爲外金剛部院，在外圍四方畫出諸天、藥叉、人、非人、七曜、）十二宮、二十八宿等，表示隨類應化的凡聖不二之理。

　　這三重曼荼羅分作十三大院（實際上只有十二院）。中央的中台八葉院描畫八葉蓮花，最中央的蓮台上是大日如來；八葉上面畫出四佛、四菩薩，表示大日如來的四智四行，總爲八葉九尊，爲摩訶毗盧遮那佛的全部體性，又是胎藏界曼荼羅的根本總體。

　　在《大日經疏》卷四中，說明佛的意義是：東方寶幢佛是菩提心義，菩提心猶如大將的幢旗，如來的萬行亦以一切智願爲幢旗。南方開敷花王佛是大悲萬行開敷義。北方天鼓雷音佛是如來涅槃的說法智慧，不同二乘（聲聞乘、緣覺乘）涅槃永寂，故以天鼓爲比喻。西方無量壽佛，是如來的方便智慧，以眾生界無盡故，所以大悲方便亦無盡，而名之爲無量壽。

　　而卷二十中說明花台四隅四菩薩的意義是：

　　東南方的普賢菩薩是代表菩提心，若無此菩提妙因，終究不能得致大果，所以最初以此得名。

　　西南方的文殊菩薩是代表大智慧，斷除無始以來的無明煩惱根源，表示雖然具有菩提心而沒有智慧的行持，即不能成就得果。

Vairocana
大日如來

■ 一切如來智印──三角形的遍智印

一切如來智印，位於密教胎藏界曼荼羅遍智院中央的三角智印。又作一切佛心印、一切遍智印、諸佛心印、大勤勇印、三角印等。

此三角印係表四種法身的三昧耶形，為四智印的總標幟。其色鮮白，立於白蓮華上，外有光焰圍繞。三角是降伏、除障之義，謂佛陀坐於道樹，以威猛大勢降伏四魔（五蘊魔、煩惱魔、死魔、天子魔），得成正覺。鮮白之色表大慈悲，謂如來常以悲光普照法界。

三角之內與三角的頂端皆有卐字，蓋三角為智火，亦是初發菩提心處；初發道心即如智火燒物，能滅除三界的貪、瞋、癡三業，此乃成就萬德的根本，所以有卐字。倘若到達佛智究竟之時，則眾德圓滿，猶如滿月，所以於三角上更有圓輪，圓輪上有卐字，表果位萬德之相，所以密教胎藏界從此印生起，從此印形成。

西北方的彌勒菩薩是代表大悲，若有智慧而無有悲心，則方便不具足亦不得證菩提正果。

東北方爲觀世音菩薩即是大行大願成就圓滿，倘若以未成就果德時的狀況來觀察，此則差次淺深，現今以如來平等的智慧來觀察，雖然從因位到果位，但卻是如來一身一智之行，所以蓮花中台的八葉院的諸尊皆與大日如來同爲一體。

圍繞著前後左右的十二院，是由總體所具有的無量差別智所顯現。如第一重上方的遍知院，中央畫著三角形的遍知印，又名爲一切如來智印，象徵大圓鏡智，表示一切諸佛遍知能生的功德，此有七尊。

中台右方的觀音院以觀自在菩薩爲主尊，又稱爲蓮花部院，相當於妙觀察智，表示如來的大悲下化，有三十七尊。

左方的金剛手院以金剛薩埵爲主尊，又稱爲薩埵院，相當於所成作智，代表大智上求，此有三十三尊。

下方持明院爲五大尊忿怒明王，是大日如來所現的教令輪身，表示任時大日如來的咒明，奉其本誓應難化眾生，稱爲持明使者，所以叫持明院，又稱爲五大院，相當於平等性智，表示淨除自他的煩惱，入於平等實相，象徵著降伏、攝受二種妙德。

胎藏界曼荼羅的部類

胎藏界曼荼羅十二院，總共有四一四尊，從它的部族分

■ 如來的四種法身

法身的意義為法之身，即佛陀所宣說的正法、佛陀所得證的無漏法，以及佛陀的自性真如如來藏。

密教將大日如來的法身分為自性法身、受用法身、變化法身、等流法身等四種。略稱為四種身、四身。

(1)自性法身，謂諸佛的真身，理智法性，自然具足，常住法身，過去、現在、未來三世常恆，為從自身所流出的菩薩眾，宣說身體、語言、心意三密的法要；因其自體法爾本然，而且皆係無為的作業，所以稱自性法身。

此法身又有理，智法身的分別，法界諸法，體性寂然，法爾不改，稱為理法身；一切之法，互相周遍，冥理同體，稱為智法身。

(2)受用法身，分為自、他受用法身二種。①自受用法身，理智相應，自受法樂；即與上述的智法身同體。或謂法然本覺的智慧，稱智法身；法然始覺的智慧，稱自受用法身。②他受用法身，為十地菩薩所示現的法身。乃以加持的受用身應現十地，傳說為法身的內證；雖有十重的分別，然而皆為法性所流出，而令他受用，所以稱他受用身。

(3)變化法身，為初地以前的菩薩、聲聞、緣覺二乘、凡夫所現的丈六應身。此應身為八相成道（下兜率天託胎、降生、出家、降魔、成道、說法、涅槃），轉變無窮；且緣謝即滅，機興則生，亦是法爾之作，所以稱為變化法身。而對內宣說祕密，對外宣揚顯教的一代百億教主，即為此等法身。

(4)等流法身，為九界（地獄界、餓鬼界、畜生界、阿修羅界、人界、天界、聲聞界、緣覺界、菩薩界）隨類之身，非為佛身，或有佛形，然為無而忽有、暫現速隱的佛陀，故攝於等流身，平等流出，九界等同。

類來看，有三種部類——佛部、蓮花部、金剛部。這三個部類表示胎藏界為本覺下轉的化他門，所以就大日如來的大定、大悲、大智三德而分為三部。

　　佛部是佛果上理性、智慧具足的本尊，即中台八葉院及上下諸院，屬於大定的妙德。

　　蓮花部是如來大悲三昧，能滋生繁榮萬善，所以比擬為蓮花，即右方觀音院、地藏院等，屬大悲的妙德。

　　金剛部是佛的智慧力用，能摧破惑業眾苦三障，所以比擬為金剛，即左方金剛手院、除蓋障院等，屬大智的妙德。這三德在示現上雖然分為三部，但實際是互具而不離相的。

　　就如同《大日經疏》卷五中所說：大凡此第一重上方（遍知院）是佛身眾妙德莊嚴；下方（持明院）是佛陀的持明使者，皆名如來部門。右方（觀音院）是如來大悲三昧，能滋榮萬善，故名蓮花（佛部）。左方（金剛手院）是如來大智慧力作用，能摧破三種障礙，所以名為金剛界。

　　佛陀瞿呬耶在《大日經廣釋》中說：佛部從大圓鏡智和平等性智發生是大定德，蓮花部從妙觀察智發生是大悲德，金剛部從成所作智發生是大智德。

　　如果將諸尊配以如來四種法身，則中台八葉院名為自性身，三部眷屬是自受用身，第二重的諸大心菩薩是他受用身，第三重的釋迦牟尼佛等是變化身，九界眷屬為等流身。

Vairocana
大日如來

金剛界曼荼羅（元禄本）

(二)金剛界

金剛界（梵名 Vajra-dhātu）略稱金界。是根據《金剛頂經》、《大教王經》的記載而來的，此金剛界由佛部（中）、金剛部（東）、寶部（南）、蓮華部（西）、羯磨部（北）等五部組成。表示大日如來的智法身，其體堅固猶如金剛，能摧破一切煩惱，所以稱為金剛界。此界具有「智」、「果」、「始覺」、「智證」等諸種種意義。

金剛界如果以圖相來顯示，則稱為金剛界曼荼羅。在現圖曼荼羅中，金剛界共有九會，但周圍八會都是依止中央的羯磨會，而示現其別德妙用。羯磨會的中台有五大月輪，五佛安坐其上。

五佛即五部，中央的大日如來是屬於佛部，顯現理性與智慧二者皆具足，是大覺圓滿的表徵。

東方阿閦如來屬於金剛部，為菩提心發生的階位，以四季來比擬，相當於四季中的春天，代表著萬物生長的妙德。

南方寶生如來是寶部，屬於已生菩提心熾盛的階位，如同夏季草木的繁茂。

西方無量壽如來是蓮華部，乃是證得菩提果的階位，以大悲心入於生死界，為眾生宣說諸法門來去除他們的疑惑，就如同秋天的草木結為果實。

北方不空成就如來是羯磨部，代表著成辦事業的階位，

Vairocana

大日如來

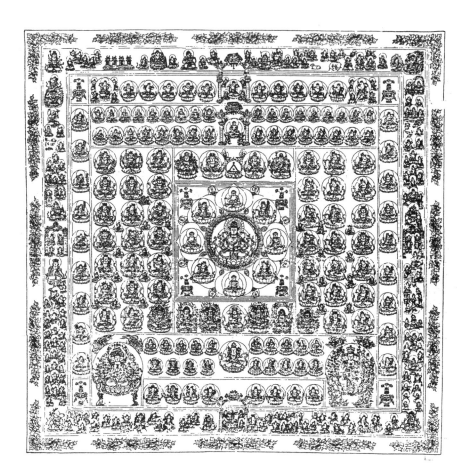

金剛界曼荼羅

如同多天萬物休止，而貯藏入春可發生的作用能力。

　　阿閦佛等四佛是大日如來的別德，所以五部是佛部所開展所成的。

金剛界曼荼羅的意義

　　金剛界曼荼羅，是大日如來及諸佛菩薩，在色究竟天宮及須彌山頂的集會場所，所依止的是如金剛般堅固不壞的智慧體性所建立，因此名爲金剛界。

　　金剛界曼荼羅（Vajra-dhātu-maṇḍala）是金剛界中九會曼荼羅（九種曼荼羅）的合稱。金剛界曼荼羅這一名稱的由來，在《現證三昧大教王經》卷五〈金剛界大曼荼羅廣儀軌分〉中說：最上勝的廣大曼荼羅，其相猶如金剛界，所以名爲金剛界。

　　金剛界曼荼羅，是金剛界的大日如來最初爲金剛手菩薩、觀音菩薩、虛空藏菩薩、文殊菩薩等，在色究竟天宮廣大摩尼寶殿中所示現的內證境界。但是爲了調伏心性剛強難以度化的大自在天眾等惡性眾生，所以下降到須彌山頂的金剛摩尼寶峰大樓閣中，入於悲忿金剛三摩地，而的示現大悲忿怒的大威德金剛。

　　目前我們所看到圖繪的金剛界曼荼羅，其實就是描繪當時諸尊集會時的情形。其構造也是依據色究竟天宮與須彌山頂的大會式樣。

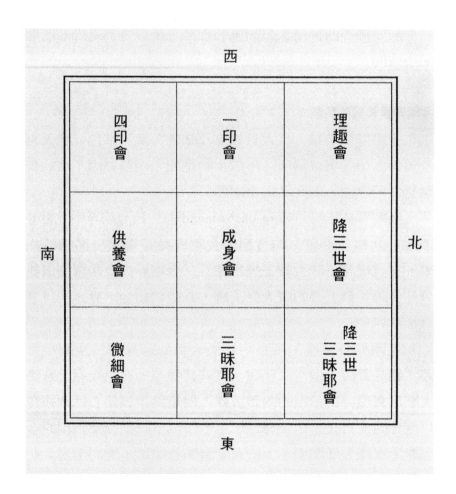

金剛九會位置圖

在《祕藏記》中說：「胎藏者理也，金剛者智也，界者身也；持金剛者身，身即聚集義也，言一身聚集無量身。」在此金剛界大日如來屬智身，胎藏界大日如來屬理身。由聚集無量無邊的如來金剛智體，而成為金剛界大日如來。

金剛界曼荼羅是根據密教兩部根本經典之一的《金剛頂經》所造。

金剛界九會曼荼羅

一般我們所稱的金剛界九會曼荼羅，並不是指《金剛頂經》十八會中的九會，而是指初會〈金剛界品〉中所說六種金剛界，即：金剛界大曼荼羅、陀羅尼曼荼羅、微妙金剛曼荼羅、供養羯磨曼荼羅、四印曼荼羅、一印曼荼羅。第七種理趣會，出自《金剛頂經》第六會〈大安樂不空三昧真實瑜伽〉，其略本即為《理趣經》，廣本即為上述的《最上根本大樂金剛大教王經》。此外再加上初會的〈降三世品〉的第一及第二種曼荼羅，就完成了金剛界九會曼荼羅。其現圖的方位如下：

金剛界曼荼羅主要以成身會為中心，成身會是開示修行者五相成身及三密的觀行而成就佛果行相。因為是第二會以下的總體及根本，又名為根本會，也即是大曼荼羅。

在金剛九會的次第，古來雖有異傳，然而普通被承用的為從因向果的向上門，和從果到因的向下門。如果眾生從因

Vairocana

大日如來

金剛界大日如來

向果，修行成就則先從⑴降三世三昧耶會漸次上升到⑼成身會；如果諸佛從本垂跡，教化廣眾，則從⑴成身會次第轉入到⑼降三世三昧耶會。金剛界九會所顯示為：

㈠羯摩會：是事業成就的意思，是相好具足的羯摩身。此為向門上的終極，向下門的起點，是九會的中心，稱為根本會或成身會，相當於四曼中的大曼荼羅。此有一千零六十一尊（略云三十七尊）的佛菩薩。

㈡三昧耶會：顯示象徵諸尊本誓的器杖及印契，相當於四曼中的三昧耶曼荼羅。此有七十三尊的佛菩薩。

㈢微細會：顯示諸尊各圓具五智，化導一切眾生之力極其微細，相當於四曼中的法曼荼羅。此有七十三尊的佛菩薩。

㈣供養會：顯示諸尊各各捧持寶冠華曼，供養大日如來，相當於四曼中的羯摩曼荼羅。此有七十三尊的佛菩薩。

㈤四印會：顯示雖於前四會別說大、三、法、羯的四曼，然四曼原非分離，合成一會。此有十三尊的佛菩薩。

㈥一印會：顯示諸尊的四曼是同類無礙而不相離，終歸於大日如來，以獨一法身的大日如來加以表示。如約向上門說，則觀行者的自身即本尊大日之體，表示一切諸尊納入為一體。

㈦理趣會：從此會起顯示大日如來為化眾生垂迹之相。此一會為大日如來化作金剛薩埵（vajra-sattva），表現利他

Vairocana

大日如來

金剛界曼荼羅以成身會為中心

的悲用。此有十七尊佛菩薩。如以向上門而言，則爲觀行者
斷惑障，將欲、觸、受、慢等污染，開顯爲如來法性的眞智
之相。

　　(八)降三世羯摩會：顯示金剛薩埵現大忿怒身，左足踏著
徵煩惱障的大自在天，右足踏著象徵所知障的烏摩痠，降伏
了此二障之相。

　　(九)降三世三昧耶會：此爲表現第八會的降三世明王本誓
的三昧耶形，顯示以大悲的弓箭降伏魔王，及警覺眾生之
相，此有七十三尊的佛菩薩。

　　要言之，以上的九會，是由羯摩會的一會分爲羯、三、
微、供的四會，合而爲四、一的二會，一轉而成理、降、降
的三會的。金剛界的佛菩薩，計算起來雖有一千四百六十一
尊之多，然以大日如來爲中心，是由一尊的大日如來爲中
心，是由一尊的大日如來法身所開展出來的。

金剛界曼荼羅的部類

　　金剛界曼荼羅是從始覺上轉的法門，轉因位的九識成爲
果上的如來三智，所以建立五部。

　　中央的法界體性智是以大日如來爲主，屬於佛部；東方
大圓鏡智以阿閦如來爲主，屬金剛部；南方平等性智以寶生
如來爲主，屬寶部；西方妙觀察智以阿彌陀如來爲主，屬蓮
華部；北方成所作智以不空成就如來爲主，屬羯磨部。

藏密的金剛界曼荼羅

　　如果依因果順序來說，則第一蓮花部是眾生本有清淨菩提心，在生死輪轉中不染，猶如蓮花出在污泥之中，所以名為蓮花部。

　　第二金剛部是眾生在自心的理體，同時又具有堅固不壞的智慧、能破一切煩惱，猶如金剛不壞，能破壞一切。

　　第三佛部中的理智二德，在凡夫時作用未顯，入佛果後理智顯現，覺道圓成，所以名為佛部。第四寶部在佛的萬德圓滿中，福聚無邊，所以名為寶部。第五羯磨部是佛為眾生成辦一切慈悲事業，所以名為羯磨部。

　　在此第一蓮花部、第二金剛部為眾生在纏時的因位體德，第三佛部是理智具足出纏法身的果位，第四寶部、第五羯磨部是從佛部中開出來的妙德，從佛的自證圓滿開出寶部，從佛的化他事業則開出羯磨部。

■ 《十地經論》

　　十地經論凡十二卷。為印度世親菩薩所著，北魏菩提流支、勒那摩提等譯。略稱為十地論。是注釋十地經（華嚴經十地品之別譯）的著作。

　　內容是解說菩薩修行的階位，十地融攝一切善法：初三地寄說世間的善法；次四地說三乘修行的相狀；後三地則說一乘教法。

　　《十地經論》為六朝時代地論學派所依據的重要典籍，至隋代淨影寺慧遠作《十地義記》十四卷（現僅存八卷）集其大成。

釋迦牟尼佛於摩竭提國的菩提道場宣說《華嚴經》

03 毘盧遮那佛的淨土：蓮華藏世界

　　依據《華嚴經》的記載，蓮華藏世界是毘盧遮那佛過去生於世界海微塵劫修習菩薩行時，親近了無量微塵數的佛陀，而且於每一位佛陀的處所，清淨修持世界海微塵數的廣大誓願，而成就了清淨莊嚴的蓮華藏世界。

　　毘盧遮那佛的蓮華藏世界是由蓮花出生的世界，或指含藏於蓮花中的功德無量、廣大莊嚴的世界。又稱為蓮華國。

　　毘盧遮那佛的境界，在《華嚴經》中一開始就有廣大的示現，而想要了解蓮華藏世界，也莫過於讀誦《華嚴經》。根據過去的說法，《華嚴經》是釋迦牟尼佛於菩提道場始成正覺時所宣說的。

　　世親菩薩所著的《十地經論》與尸羅達摩譯的《十地經》則以為「成道未久第二七日」，此說法為後代大眾所使用。此時釋迦牟尼佛所說的法，是針對文殊、普賢等大機菩薩演說其內證法門。根據此說，《華嚴經》於是被傳述為佛陀所最初說的法。

　　《華嚴經》所說的華藏莊嚴世界海，又稱為華藏莊嚴嚴具世界海、妙華布地胎藏莊嚴世界、蓮華藏莊嚴世界海、華藏世界海、華藏世界、華藏界、十蓮華藏莊嚴世界海、十蓮華藏世界、十華藏。

Vairocana
大日如來

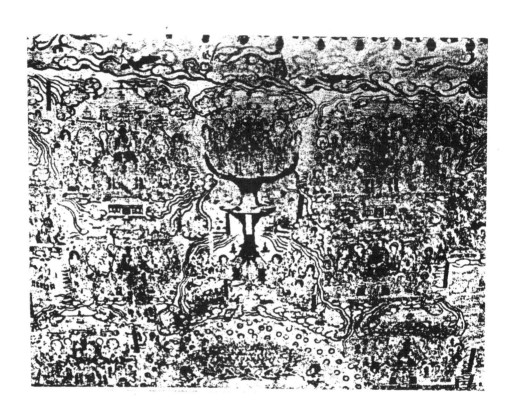

蓮華藏世界海──毘盧遮那佛的淨土世界

（敦煌第 55 窟）

蓮華藏世界係由毘盧遮那佛於過去發願修菩薩行，所成就的清淨莊嚴世界。

其世界的莊嚴及構造，在新譯《華嚴經》卷八〈華藏世界品〉中有詳細的描寫。

清淨莊嚴的華藏世界

華藏世界的「華」自然是指蓮華；「藏」意指蓮華含子之處。因為蓮華藏世界中所有的世界、世界種，都含藏於大蓮華之中，皆住在大蓮華之上，所以才稱為「華藏」。

而此華藏世界，是毘盧遮那佛在修菩薩行時，親近世界海微塵數的佛陀，修治世界海微塵數的大願，所嚴淨而成的世界。

華藏世界是由廣大而繁多微塵數的風輪所扶持，這些風輪一個接一個層層往上，最底的風輪稱為「平等住」風輪，最上方的一個風輪稱為「殊勝威光藏」風輪。此風輪扶持著「普光摩尼莊嚴香水海」。

這個香水海中有一朵大蓮華名為：種種光明蘂捼香幢，在蓮華之內有世界成立，而華藏世界就安住在這朵蓮華當中，有金剛輪山在四方周匝圍繞著，其內部即是大地，大地皆由金剛所敷成，堅固不壞，清淨平坦，無有高下。

這種風輪扶持香水海，海中有華的狀相，如果依眾生而說是：妄想風持如來藏識、法性海，生無數因果，含攝世、

■ 根本智

　　根本智又作根本無分別智、如理智、實智、真智。無分別智之一。相對於後得智。乃諸智的根本，以其能相契證得真如的妙理，平等如實，無有差別，所以亦稱無分別智。

　　於《攝大乘論釋》卷八中，稱根本智乃為正證的智慧：蓋以此智遠離各種推求考察的行解，亦沒有分別的智慧利用，然根本智的任運可燭照法體，契會於真理，故為正證的智慧。

　　又以根本智為智的正體，而非化用，故又稱之為正體智，乃十波羅蜜中的般若波羅蜜。

清淨無垢的蓮華藏世界

出世間未來果法。如果依諸佛境界而說則是：以大願風持悲海，而生無邊行華，含藏萬境，重疊無礙。藥香幢蓮華的生起，是表示於根本智中起差別習、行差別行。

　　華藏世界有莊嚴清淨的大地，又有不可說佛剎微塵數的香水海，這每一香水海當中，又各有四天下微塵數的香水河右旋圍遶著香水海；大地、香水海、香水河，皆是世界海微塵數的清淨功德所莊嚴。同時顯現所有化佛、神通自在、一切變化周遍、所修願行等等境界，表達一入一切、一切入一、體相如實無差別的境象。

　　華藏世界中有為數不可說佛剎微塵數的香水海，一一香水海皆有一世界種類安住，每一個世界種類中又都安住了不可說佛剎微塵數的世界。

　　這些世界海的結合，就像帝釋天的珠網一般：以一大珠當中心，第二層珠貫穿圍繞此珠心，第二層珠再各為珠心，讓第三層珠貫穿圍繞，如此次第輾轉相遞繞，形成四面八方看去皆是橫縱相從的網狀，各珠之間皆能交相互攝。

　　其最中間的香水海名為：無邊妙華光香水海，其世界種種稱為：普照十方熾然寶光明世界種，其四周有十個香水海圍繞。每一個香水海一定配一個世界種，一世界種中必包含二十重世界。

　　所以，這十個香水海又各領有不可說微塵數的香水海，就形成十個不可說佛剎微塵數的香水海。有這麼多的香水

Vairocana

大日如來

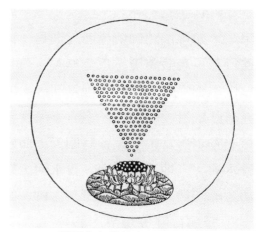

普照十方熾然寶光明世界種

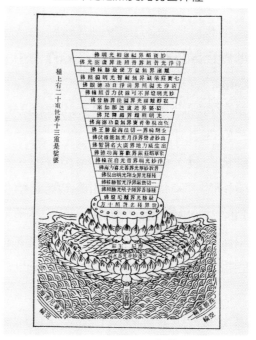

二十重華藏世界之圖

海，就有如此多的世界種，而每一世界種又各有二十重世界，如果寫成程式表示世界的數量，就成：

十個香水海×二十重世界×不可說微塵數香水海×二十重世界

　　而這樣的景象都圍繞在中間的香水海（無邊妙華香水海）四周，中間的香水海本身亦有二十重世界圍繞。

　　二十重世界又稱二十重佛刹，自下而上即：(1)最勝光徧照華藏世界，依眾寶摩尼華而住，佛號離垢燈。(2)種種香蓮華妙莊嚴華藏世界，依寶蓮華網而住，佛號師子光勝照。

　　(3)一切寶莊嚴普照光華藏世界，依種種寶瓔珞而住，佛號淨光智勝幢。(4)種種光明華莊嚴華藏世界，依眾色金剛尸羅幢海住，佛號金剛光明無量精進力善出現。

　　(5)普放妙華光華藏世界，依一切樹莊嚴寶輪網海住，佛號香光喜力海。(6)淨妙光明華藏世界，依金剛宮殿海住，佛號普光自在。

　　(7)眾華焰莊嚴華藏世界，依一切寶色焰海住，佛號歡喜海功德名稱自在光。(8)出生威力地華藏世界，依種種寶色蓮華座虛空海住，佛號廣大名稱智海幢。

　　(9)出妙音聲華藏世界，依恒出一切妙音聲華藏雲摩尼王海住，佛號清淨月光相無能摧伏。(10)金剛幢華藏世界，依一切莊嚴寶師子座摩尼海住，佛號一切法海最勝王。

　　(11)恒出現帝青寶光明華藏世界，依種種殊異華海住，佛號無量功德海。(12)光明照耀華藏世界，依華旋香水海住，佛

周圍各十百世界種形狀安立圖

132

號超釋梵。

⒀娑婆華藏世界，依種種色風輪所持蓮華網而住，佛號毘盧遮那如來世尊。⒁寂靜離塵光華藏世界，依種種寶衣海住，佛號遍法界勝音。

⒂眾妙光明燈華藏世界，依淨華網海住，佛號不可摧伏力普照幢。⒃清淨光徧照華藏世界，依種種香焰蓮華海住，佛號清淨日功德眼。

⒄寶莊嚴華藏世界，依光明藏摩尼藏海住，佛號無礙智光明遍照十方。⒅離塵華藏世界，依眾妙華師子座海住，佛號無量方便最勝幢。

⒆清淨光普照華藏世界，依無量色香焰須彌山海住，佛號普照法界虛空光。⒇妙寶焰華藏世界，依一切諸天形摩尼王海住，佛號福德相光明。

華藏世界所有莊嚴境界，不但示現諸佛境界，眾生過去、現在、未來三世所行行業因果亦總現其中；就如百千面明鏡全部懸掛於四面，前後的影像互相徹照。由於一切法空的真諦，所以能夠隱現自在，而在一念當中現起過去、現在、未來三世，十方世界於一剎那中示現種種無礙境界。

所以若以如來的大願智力，因而應眾相隨現；或若隨著法性自體性的空無，而眾相都無。如此隱匿或顯現都能隨緣自在而不離於一真實的智慧，這就是華藏世界的真實內容。

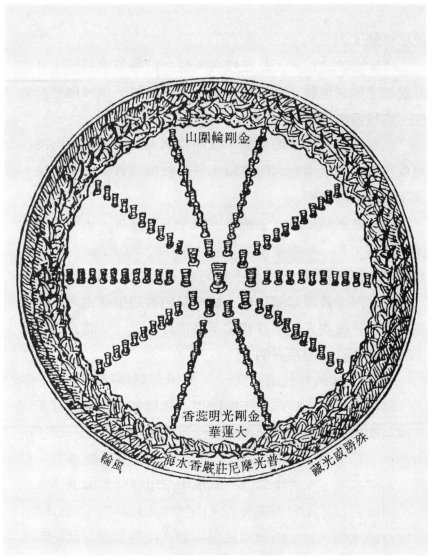

華藏莊嚴世界安立圖

蓮華藏世界的構成

我們看在《華嚴經》〈世界成就品〉中，特別說明構成世界的十種因緣。整個法界所現起的世界海，亦是諸佛所相應的境界，所以跟淨土是同義的。以下是這十種構成的內容，它們分別是：

1. 世界海生起的因緣：是因爲如來威神力的緣故，因爲一切眾生行業的緣故，法應如是的緣故，一切眾生及諸菩薩共同積集善根功德的緣故，一切菩薩成就不退行願的緣故等等。

2. 世界海依住之處：有的依於一切莊嚴而安住；有的依於虛空而安住；有的依於一切寶的光明而安住；有的依於一切佛的光明而安住；有的依一切佛陀的音聲而安住；有的依於一切菩薩的身體而安住的。

3. 世界海的形狀：有的是圓形，有的不是圓形的；有的是方形，有的不是方形；有的是如同水漩流之形，有的像山一樣的火焰形，有的如同華之形，有的如同佛陀之形等等。

4. 世界海的體性：有的以佛陀的加持爲體性，有的以日摩尼輪爲體住，有的以菩薩形寶爲體性，有的以香爲體性等等。

5. 世界海的莊嚴：有的以宣說一切眾生業報而莊嚴的，有的以示現一切普賢行願爲莊嚴的，有的以示現一切道場中

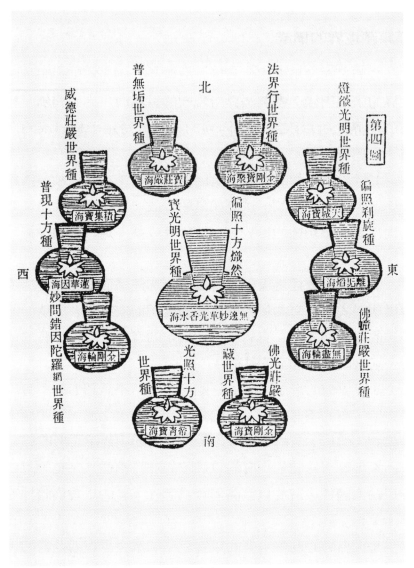

右旋圍繞十世界種圖

所有珍寶殊妙之物光明照耀爲莊嚴等等。

　　6.世界海的清淨：世界海清淨的原因，有的是因爲出生一切清淨願力的緣故，有的是因爲成就清淨方便力量的緣故等等。

　　7.世界海中諸佛的現起：有的示現微小之身，有的示現巨大之身，有的示現短少的壽命，有的示現長壽的生命現象，有的只顯示一乘的教法，有的顯示不可思議諸乘的教法，有的調伏少分的眾生等等。

　　8.世界海的住世時劫：有的住於無邊劫，有的住於無等劫，有的住於阿僧祇劫，有的住於不可思議劫，有的是住於不可量劫等等。

　　9.世界海的時劫轉變差別：因爲修習廣大福報的眾生安住的緣故，世界海由污染劫轉變爲清淨劫。因爲有無量的眾生發起菩提心的緣故，世界海轉爲純清淨劫等等的轉變。

　　10.世界海平等無差別：前面所說世界海各各千差萬別，但這些國土亦是無所差別的。它們在佛陀出現的威力無有差別，一切如來道場集會無有差別，轉動法輪方便無有差別，一切世界海都進入一粒微塵而無差別。一切諸佛的境界皆在每一粒微塵中示現，這亦是沒有差別的。

　　由以上十事來說明國土的樣狀，分別是：有靜態、有動態，有根本、有相狀，有空間、有時間，從生起到具足到轉變，從差別到無有差別，皆是圓滿。

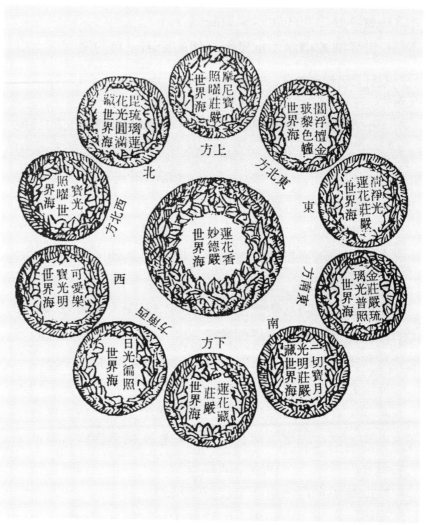

十方世界海安立圖

　　所謂一切世界海，一切淨佛國土，皆無有差別平等平等，《華藏經》中又特別以所謂「五事一如」的境界來說明，五事即是劫（時間）、剎（空間）、法、眾生、佛。這五事亦可以說是構成法界的要素，五者又是一如的，互相攝入，平等平等，一即多多即一，亦是非一非異。

第二部

祈請
大日如來的守護

與大日如來結下無上的法緣，
永遠受到大日如來的加持導引，
最後圓成光明遍照的無上正覺

Vairocana
大日如來

祈請大日如來的守護

第一章 如何祈請大日如來守護

　　大日如來以顯赫的光明普照著我們，照破我們心中的無明黑暗，清淨我們的身、語、意三業，消滅一切災難障礙。

　　密法從原始佛教開始，就在佛教當中開展，而在大乘佛法發展到最高峰之後，接續成為佛教的主流，並不斷的發展，從雜密、獨部密法、胎藏、金剛界及無上瑜伽等秘密佛法。在時空因緣的流續中，密法不斷的開展出高峰。

　　而這些密法也在祖師大德的熱情弘傳中，從印度流傳到中國、東南亞及後起的西藏。雖然現在在東南亞地區，如錫蘭、緬甸、柬埔寨、印尼等國，已經沒有早期密教的弘揚，但是從許許多多的遺蹟，都可以觀察到當年密法弘傳的興盛的景像。

　　密法從印度開展而出，在唐朝時經由開元三大士，傳揚到中國，而開出金胎兩部大法，並東傳至日本而衍生東密及台密。而後期傳西的密法，則流傳至西藏，成為當今無上瑜伽密教的主流。

　　這兩支密法，在當代依然繼續的澎渤的發展，成為現代密法的主體。

Vairocana
大日如來

至誠祈請大日如來，必能得致慈悲的護佑與加持

　　密宗奉大日如來為密教之主，大日如來無時不以顯赫的智慧光明普照著我們，所以當我們至誠祈請大日如來守護我們時，必能得致慈悲的護佑加持，照破我們心中的無明黑闇惱，消融一切災難障礙，捨棄貪心、慳吝心，而使我們的身、語、意三業清淨無染，如同大日尊一般，通身光明通透遍照，圓滿無上正等正覺的果位。

蒐集大日如來（毘盧遮那佛）的各種殊妙端嚴的法相

01 大日如來的每日修持法

　　我們每日修持大日如來的法門，可以讓我們受到大日如來光明遍照的加持與護佑，讓我們遠離黑暗無明，開啓我們本來具足的智慧光明與善根，而成辦世間與出世間的事業成就，也能成就如同大日如來尊一般的圓滿果德。

　　關於修習的時間，我們可以在每天清晨醒來，盥洗之後，選擇任何合宜的時間，然後找尋一個比較安靜的地方，讓我們以清淨的身心，來練習祈請大日如來相應、守護的方法。

　　練習之前，我們可以先蒐集大日如來的各種殊妙端嚴的法相，然後再挑選其中，自己最喜愛、相應的大日如來法相。如果家中有佛堂，則將法相恭置於案桌上；如果沒有佛堂，則恭置於一清淨高處，也是可以的；如果想外出時能夠方便修持，則可將法相縮小，易於方便攜帶出門。

　　1.當我們選擇莊嚴的大日如來（毘盧遮那佛）法相後，於法相前，首先，讓我們雙手合掌，恭敬禮拜大日如來。

　　2.然後，清楚地觀察，並思惟大日如來（毘盧遮那佛）的慈悲、智慧及其種種殊勝的功德事業，然後將其莊嚴圓滿的身相及偉大功德，全部都明晰地烙印於我們自心當中。

　　3.接著，想像從大日如來的心中，放射出無盡無量的光

Vairocana
大日如來

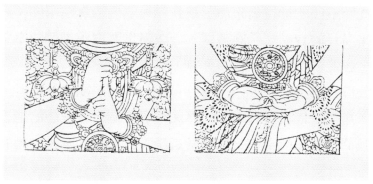

智拳印　　　　　　　　　法界定印

散印時可從頂上散印　　　　散印時亦可由心輪散印

明，如大日遍照彩虹般無實的光明，溫暖注照著我們，將我們身心一切的障礙，煩惱、疑惑、無知、無明都完全在大日如來慈悲、智慧的光明之中消融了。頓時，我們的身體、語言、心意都清淨了，光明的慈悲、智慧與福德都自然地不斷的增長。我們就安住在無盡的光明遍照之中。

　　4.接著，我們可以合掌或是結大日如來的手印：智拳印、法界定印，稱念「南無大日如來」或是「南無大智海毘盧遮那佛」、或是誦持大日如來真言至少一百零八遍以上，愈多愈好。

大日如來真言

　　唵①　縛日羅②　馱覩③　鑁④　　（成身會）

　　oṁ ①　vajra ②　dhātu ③　vaṁ ④

　　歸命①　金剛②　界③　鑁（大日的種子）④

　　唵①　阿②　鑁③　嚂④　唅⑤　佉⑥

　　oṁ ①　a ②　vaṁ ③　raṁ ④　haṁ ⑤　khaṁ ⑥

　　以「阿、鑁、嚂、唅、佉」象徵大日如來內證的勝德，並依次配以地、水、火、風、空五大。又有說「阿」表降伏四魔，淨除一切苦之義；「鑁」表無縛三昧，即六趣解脫之義；「嚂」表六（眼、耳、鼻、舌、身、意）清根淨之

Vairocana
大日如來

練習完將修法功德迴向一切法界現成廣大圓滿

義；「唅」表如來的三解脫之義；「佉」表大空之義。密教
視之爲諸佛通咒。

　　散印時，可從頂上散印，或將手印收至心輪即可。平時
在心中亦可默念誦持佛號，大日如來的加持佑護功德不可思
議。

　　練習完再將修法的功德迴向，祈求一切法界現成廣大圓
滿。迴向功德於大日如來，由於大日尊的佛力廣大加持，這
也是自身加持自身，那麼法界有情現成全佛圓滿，一切都成
爲大日如來。

　　迴向眾生皆能圓滿成佛，迴向修證功德悉皆圓滿，迴向
國家……，迴向於自己的祈願。

Vairocana
大日如來

■ 月輪的十德

一、圓滿：如月的圓滿一般，自心也是圓滿無缺。

二、潔白：如月的潔白一般，自心也是潔白無染。

三、清淨：如月的清淨一般，自心也是清淨無垢。

四、清涼：如月的清涼一般，自心也是遠離熱惱的。

五、明照：如月的明照一般，自心也是朗明光照。

六、獨尊：如月的獨一，自心也是獨一。

七、中道：如處於月中，自心亦離二邊。

八、速疾：如月的不遲一般，自心疾速。

九、迴轉：如月的迴轉，自心亦是無所窮盡。

十、普現：如月的普現，自心亦是周遍寂靜。

在現今的因緣中，釋迦牟尼佛可說是大日如來的化現

02 大日如來的修持法之一：月輪觀

　　月輪代表空性與清淨的法性，是所有密法觀想的基礎。在密教中、觀空之後顯現月輪、蓮華、種子字與三昧耶形，然後現觀本尊，是修法的基本次第。

　　所以修持月輪觀，是所有密教行者必備的觀行基礎，而在大日如來的修持法中，當然更是必備的根本。

　　月輪觀的修持方法，即是我們觀照自心如同圓滿月輪的觀修方法。

　　「月輪觀」可以說是由毘盧遮那如來（大日如來）的清淨自性中所流出的三昧觀法，所以我們首先依止大智海毘盧遮那佛（大日如來）；而且一切法界密行的賢聖眾，都是依月輪觀的修持方法而獲得成就；所以我們亦依此（佛、法、僧）三寶來皈依禮敬。

　　我們皈命於大日如來，在現今的因緣時節中，釋迦牟尼佛亦可以說是大日如來的化現，他們的體性無二無別。而且當我們成佛之後，我們也就是大日如來。

　　在經典中，各個古德對於月輪有不同的讚頌，在東密的傳承中，覺鑁上人將月輪的德性總集為月輪的十德。

　　「心月輪觀」是密教各種觀法中的基礎，是在中國唐朝時，由開元三大士之一的善無畏所傳入，又月輪觀又稱為淨

修持月輪觀時，以月輪為本尊來修持

菩提心觀，是觀照我們自身的體性如心月輪一般的法門。

在《諸佛境界攝眞實經》中記載：「我已見心相，清淨如月輪，離諸煩惱垢，能執所執等。諸佛咸告言，汝心本如是，爲客塵所翳，不悟菩提心。汝觀淨月輪，念念而觀照，能令智明顯，得悟菩提心。」我們的心本如月輪一般清淨，遠離煩惱塵垢，能執所執等。但因爲客塵煩惱所障礙，不能體悟自己的菩提心；但是如果我們修持淨月輪觀時，能夠念念相續無間地觀照，從自己本具的佛性中，顯現出我們的眞實智慧，得以體悟這圓滿月輪的菩提心。

據《菩提心論》記載，滿月爲圓明之體，與菩提心相類似，所以比喻自心之形如同月輪一般。修行者於內心中觀白月輪，作此觀想能照見自己的心湛然清淨，猶如滿月的光明遍於虛空法界，而無所分別。

初學者如果無法於自心中直接觀想，則可繪畫直徑一肘（約三十～四十五公分大小）的月輪，中有八葉白蓮華（或於蓮華上繪畫月輪），其上書寫一金色的 **अ** （阿）字，行者面對著圖軸，結跏趺而坐，雙手結定印，觀想自心亦如同月輪一般。

經中雖有月輪中繪白蓮、金色阿字的記載，但於本練習中，我們月輪中先不觀想蓮花、阿字，於「阿字觀」中，則可如是觀想，田爲阿字月輪觀有時是一起練習的。

我們安住於金剛跏趺坐（雙盤），接著調柔我們的身

Vairocana

大日如來

■ 月輪本尊的觀法（一）

1.將我們的身體、呼吸與心念調和

4 尺

一肘長

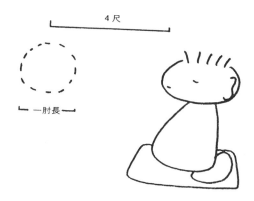

2.眼前四尺處現起朗然清淨的月輪

體、呼吸與心念三者，身體、呼吸、心念三者都安住於圓明妙月的體性。

當我們身、息、心如是調柔、調順之後，然後我們可以「但觀鼻頭一片白」，要能善引這鼻頭上的妙月，這妙月是由金剛鍊光所流露出的。

當我們吸氣時，將金剛鍊光由鼻吸入我們身心諸脈，到達我們的指尖、腳尖，到達一切毛孔，一切細胞，自身的諸根充滿、滋潤、潤澤。

吐息也是如同金剛乳汁一般，息吐出去後遍融法界，一呼一吸都是如此，將法界的金剛乳汁、一切諸佛密祕悲智的金剛明點、光明全部吸入，這是一個很好的調息方法！

然後，我們的身體如獅子王般依自性安住，將我們的身、息、心自然地調柔安住於妙樂明空當中，安住於無實、體性界中。

當我們如實的做好以上的練習，我們則現前安住於本寂的三摩地中，即是眾清淨心的自性當中。

月輪本尊的觀法

這時我們的身體、呼吸、心念調和時，我們開始進入「月輪觀」的練習。

如同大圓鏡智的朗然淨月在我們眼前四尺的地方現起，月輪朗然清淨不可思議，祕密莊嚴無等倫比。

■ 月輪本尊的觀法（二）

3.我們的心與月輪完全一如，自然顯現自清淨

4.開眼、閉眼都是月輪，心中感到極為欣悅

　　月輪的輪圓妙相，我們毫不疲厭地觀察它。我們發現月輪如同赤露明空般完全現前，而我們的心與一切相應明澈光明，它不是虛也不是實，而是自生自顯。

　　當我們觀照月輪時，注意心念不要太用力，但讓我們的心與月輪完全一如，自然顯現自清淨。

　　我們在這樣的觀照中，如果月輪上現起薄霧，這薄霧相即代表障礙的出現。所以當我們心中生起煩惱，明月上便有薄霧現起了。

　　我們現觀圓明的滿月而寂然安住，我們繼續地觀照，就這樣無間地相續觀照良久，然後觀照至我們開眼、閉眼都極為欣悅。

　　練習至當我們眼睛暫捨不看時，心月就自然現起了。心月不二，月既非心，月亦不離心，此時忽然了悟，月即是我們的淨心，即是菩提心月；心清淨後，月才清淨，否則月會現起薄霧，心不住菩提則月不明朗。

　　心是如、月是如，這不只如月如心，而且月心同一，如心如月，心月同等。所以心月輪之外別無心念，這是入於月輪三昧的初方便。

　　我們不只是在月輪之外沒有心念而已，而且我們的心念自體即是完整圓滿的月輪，但是，我們也不是另外觀想一個異緣的月輪來觀察，月輪之外別無心念，心念自體全是圓滿的月輪。

■ 月輪的廣觀與斂觀

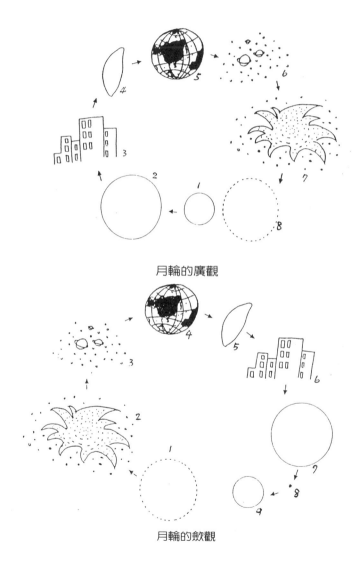

月輪的廣觀

月輪的斂觀

　　此時我們的自心契於法性，如無間流水相續無住，會於心月明朗的究竟光明當中，而無生月輪便赤裸顯現了。當我們觀照到此種境界時，我們如是現觀，而安住於此境界中，月輪是自己生起自己顯現。

　　接著我們練習月輪的廣觀與斂觀。所謂「廣觀」是月輪漸次廣大的觀想方法；「斂觀」是月輪漸次微小的觀法。

月輪的廣觀與斂觀

　　現前清涼的清淨之體，月輪自然生起微妙的顯現，漸次廣大。一尺、二尺、三尺、四尺、一丈、二丈，滿室中，一個樓房大、一個城市大，如實的倍增更加廣大，就如同牟尼寶珠顯現在虛空中一般。

　　這樣的感覺就如同在闇黑的虛空中，現起一輪如同晶瑩牟尼寶珠的清淨明月，在我們的眼前不斷的漸次廣大，遍滿一丈大、一家大、一城大，分明清楚一一顯現清楚，開目、閉目都在面前，然後練習月輪漸次廣大，一尺、二尺、三尺、四尺、一丈、二丈、一個城市，國家、所居處的洲、地球、太陽系、三千大千世界，無量的三千大千世界，遍滿法界到最後沒有方圓，這是廣觀的練習。

　　安住在妙然本寂無內、無外的境界當中。

　　同時在此了悟到一切方圓都是無生無住的，遍周法界的體性觀察，如意宛轉現起本然的法性。當我們如此觀察之

■ 練習月輪觀的注意事項

1.一切執著障礙消失時，
方圓對立也自然消失

2.月輪無法擴展，表示發心太
小，消除此障礙是發心廣大

3.月輪的光明不夠圓潤時，
表示悲心不具足，此時要
生起懺悔的心

4.月輪產生迷漾的現象，
心要不斷的澄淨，然後
月輪才愈來愈清淨

後，心力感覺很疲累，我們便隨緣自然，不加心力觀照也不散亂，練習純熟後，自然成就三昧。

　　然後次第月輪斂觀的修法。廣觀遍滿法界之後再收攝→三千大千世界→地球大→再收亞洲一樣大→再收攝如同所居住的城市一樣大，收攝如大樓，收攝如房子→再收攝一丈，八尺→四尺→三尺→二尺到面前一尺，再收攝還回本相的初觀月輪。

　　接著，再繼續收攝一尺、八寸、六寸、四寸、三寸、二寸、一寸、再來越來越小，漸次變小爲明空赤裸的點，最爲甚深秘密本然寂照的唯一不可思議的明點，然後現前頓然空寂，現前還爲本然。這是斂觀的修法。

練習「月輪觀」的注意事項

　　我們練習此法時，要注意一個現象：如果修到最後時，月輪仍有圓周的存在，而不是遠離方圓，這表示心中還有障礙，有相對立的障礙。所以當我們的我執徹底消除之時，此時就會跳脫出方圓的對立，當一切執著障礙消失的時候，方圓的對立便自然的消失。

　　另一個可能會遇到的情形是：擴展月輪時無法繼續開展，此時應該是檢討自己發心的問題，如果發心太小，就會產生此種障礙，使月輪無法擴展。

　　所以心亦名爲「心地」，我們常說心地廣大猶如虛空，

Vairocana
大日如來

練習月輪觀時，亦可觀察現實中的圓滿月輪

所以如果心地不夠廣大是無法開展的。而要消除此障礙，最直接的方法便是發心廣大，了知空性，如此才能觀空如幻。

　　在光明方面，如果很清淨但是不夠圓潤、有力，這表示悲心不夠具足，此時我們要生起懺悔的心。

　　還有在修觀時月輪產生迷濛的現象，此時我們的心要不斷地研磨、澄淨來觀此法門，然後月輪愈來愈清淨，然後現前，甚至很清楚地跳出來。如此觀察，我們所修持的月輪觀才能如實。

阿字是大日如來的種子字

03 大日如來的修持法之二：阿字觀

　　阿 **𑖀** 字是大日如來的種子字，代表著大日如來，其實我們透過與阿字本尊的身體、語言、心意三密相應，能轉化我們自身爲本不生的阿字，這也是一種「入我我入」的觀修。

　　阿字觀的修法十分的簡易，而其意趣卻十分的深遠，是大日如來自內證的無上境界。當我們徹底實踐時，自然能夠圓滿成就。

　　阿字觀是印度純密時期，密教最基本，也是最重要、最具代表性的觀想法門。

　　這個法門傳入中國後，再由中國傳至日本，成爲最重要的法門。歷代以來，阿字觀的修法次第口訣與註疏，不下百多種，可見此法傳弘之盛了。

　　阿字觀是觀想印度悉曇字 **𑖀**（a，阿）字的修行方法，又稱爲阿字月輪觀、淨菩提心觀或一體速疾力三昧。

　　在悉曇字當中，阿 **𑖀** 字是五十字中的第一字。所以，密教視之爲眾聲之母、眾字之母，並認爲一切教法都是由阿字所出生。

　　因此，在《大日經》當中稱之爲「眞言王」或「一切眞言心」，可見對「阿」字的重視程度。

Vairocana
大日如來

密教的菩提心觀是觀想阿字、蓮華與月輪

　　另外，密教稱「阿」字是一切語言、文字的根本，含有不生、空及有等多種意義，其中最重要的是「不生」之意。

　　由此而稱阿字是萬法的本源，諸法體性的本初，但是眞自體卻本然不生，是諸法實相的理體。

　　在此，密教將宇宙萬象都歸於阿字之中，認爲一切事物，就體性而言是本來不生不滅的。

　　所以阿字觀，顧名思義就是觀想阿字，以證得諸法本不生之理，開顯自心佛性的菩提心觀。

　　因此，如果我們能純熟的修習阿字觀，就能成就無量的福智，使本具的無上菩提心蓮自然開放，證得大日如來法身的果德，實在是即身成佛、頓證無上菩提的捷徑。

　　就此而言，所有密教的觀行，廣而言之，都是阿字觀的廣略修法，所以任一手印、任一持明眞言，都不離於阿字。因此，阿字觀實在是密教中最重要的秘觀。

　　另外，密教菩提心觀的要旨，是於觀想阿字、蓮華與月輪三者。其中阿字是菩提心的種子，也是我們所觀的本尊，表示行者本有的菩提心；蓮華及月輪則代表三昧耶形。

　　而菩提心乃是地、水、火、風、空、識等六大的法性，具有「理智不二」的特質。因此，在蓮花月輪上觀想阿字，其中蓮花代表胎藏界的「理法身」，月輪代表金剛界的「智法身」，阿字則代表理智冥合、不二一體的大日如來法身。

　　而事實上，本尊、月輪、蓮華三者的組合，是一切密教

■ 阿字音聲的觀法

1.安住毘盧遮那七支坐法

2.耳朵聽到一切的音聲都是阿字聲

3.全部身心都化為阿字聲

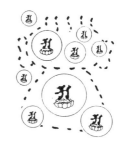

4.漸漸地，身心都消失了

5.整個法界只剩下阿字聲

6.安住在長阿聲中

本尊觀想中的根本要素。在一切密法的觀行中，基本上都以這三者構成。

　　因此，如果能純熟的修習阿字觀的法門及其內義，自然能使我們在學習一切密法時，速得成就。但是，要確實了知這些觀想的內在根本意義，而不是只有注重外相而已。

　　阿字觀的修法上，可分為以聲音、字形與實相等觀法。

阿字音聲的觀法

　　以下我們練習一個簡單的阿字三昧的修法：

　　1.首先我們的身心放鬆，安住於毘盧遮那七支坐法。

　　2.現在我們耳朵所聽到的一切音聲都是阿字聲。

　　3.耳中所聽到的都是阿字聲，所有的身心全部都化為阿字聲。

　　4.漸漸地，身心都消失了。

　　5.整個法界只剩下阿字聲。

　　6.在長阿聲中，所有煩惱都消失了，任何的對待分別都沒有了，就安住於這長阿聲中。

　　出定時眼睛慢慢睜開。

　　這個阿字聲的修法，修持到最後時，我們的身心、呼吸一切都是阿字聲，每個細胞、整個身心至法界都是阿字聲。

　　做了以上的練習，是否有感覺阿字在氣脈中遊走呢？有些人做此練習時，手腳的支分有渾厚的感覺，心中也感覺有

Vairocana

大日如來

胎藏界的阿字圖像

金剛界的阿字圖像

渾厚，這是因為阿字 **刃** 也是代表地輪，地大的種子字即是阿**刃**字，所以練習阿字觀亦可證得地大三昧。

　　當我們身體疲累時，練習此法可以使我們的精神體力迅速回復；若是心情浮躁時，練習阿字聲，能夠使我們的精神較容易集中；常常練習，不僅壽命會增長，而且能夠成就世出世間悉地。

　　所以此方法如果能擇一靜處，靜坐時專心來練習，是再好不過了，但是也可不拘時間、場合，隨時隨地都可練習。

　　特別是當我們的身體出現障礙、疾病時，在患病的部位觀想阿 **刃** 字，阿字音波震動光明照耀，能對病情的平復能有所助益；但是要注意身體有疾病仍須就醫，如果再加上觀想修法，更能幫助健康的恢復。

　　這些方法，無論世出世間都可適用，而且可以修至圓滿果地，我們只要精勤修持，定會得到許多意想不到的利益與受用。

阿字形象的次第觀想法

　　我們練習時，可先透過阿字本尊圖像來觀想，然後觀想阿字的聲音、字形及實相。到最後體悟身外所觀想的阿字本尊，即是我們自心的影像。

　　因此，這時我們可以不觀想外在阿字圖像的本尊，而直觀我們心中本具的阿字、蓮花、月輪，這是將已觀成的虛空

Vairocana

大日如來

■ 阿字觀的修法

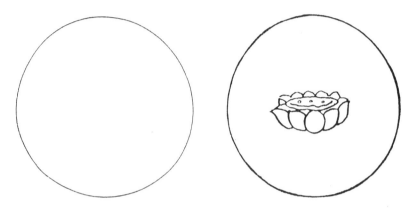

1.胸臆間豁然現起圓滿的體性月輪　2.月輪上現起八瓣白色盛開的蓮花

3.蓮花臺上現起無生的金色阿字

法界阿字，引入自心之中。

　　我們開始練習阿字觀想法。

　　我們觀想在我們的胸臆間，豁然現起了圓滿的體性月輪，這月輪就如同在無雲晴空中的圓滿秋月一般的皎潔明亮。

　　接著我們觀想月輪上現起了八瓣白色盛開的蓮花，殊妙花臺座上現起了無生的金色阿 **अ** 字，阿字如水晶一般通透明亮，請將每一步驟都觀想清楚，如果可以儘可能觀想成立體形狀。

　　如果我們由上往心輪的方向俯瞰：盛開的蓮花，中心是平坦的蓮台，而一金色的阿字立在蓮台上，正面朝外。

觀察阿字的妙義

　　我們如實思惟觀察觀想的妙義，阿字是法爾一切本不生，這在《大日經》卷二中明確記載：「一切諸法不生」。

　　阿字是真言心，也是此經所記：「秘密主！是等一切真言我已宣說，是中一切真言之心，我當諦聽！所謂阿字門，念此一切諸真言，心最為無上，是一切真言所住，於此真言而得決定。」

　　在《大日經疏》中云：「凡最初開口之音皆有阿聲，若離阿聲則無一切言說，故為眾聲之母。」

　　「一切諸法不生」是阿字的實相之義，是法性之義，眾

Vairocana
大日如來

■ 空海大師

　　空海大師為日本真言密教的開祖。延曆十二年（793）入於佛門，十四年，在東大寺戒壇院受具足戒，改名空海。十五年，曾於夢中感得《大日經》，然未能解悟。遂於二十三年遠渡重洋到中國唐朝求法。而於青龍寺的惠果阿闍梨處承續密宗的嫡傳，受傳法阿闍梨位灌頂，密號遍照金剛，成為最早受習真言教法的日本人。

　　空海大師於日本大同元年（806）歸返本國，翌年，在京都久米寺講授《大日經》，三年，**勅**許弘通真言宗。四年，入宮論說即身成佛義。弘仁元年（810），住於高雄山寺，補任東大寺別當之職。三年，修金剛界灌頂，授與最澄、和氣真綱等人。不久，再修胎藏界灌頂，授與最澄、賢榮等人，為日本兩部灌頂的嚆矢。

　　弘仁七年，**勅**賜高野山之地以建寺宇。九年，賜師「傳燈大法師」的封號。十年，寺院落成，號金剛峰寺。十四年，受賜東寺，與高野山同為永久的密教道場。天長五年（828），創建綜藝種智院，教授道俗弟子諸學，確立密宗教法，該院亦為日本最早的私立學校。承和二年，於高野山入寂，世壽六十二，諡號「弘法大師」，時人多稱「高野大師」。

　　空海大師的著作極為豐富，教義方面有《辯顯密二教論》、《祕藏寶鑰》、《十住心論》、《聲字義》、《吽字義》、《般若心經祕鍵》等，另有《大德曇章》與《篆隸萬象名義》（辭典）等，於文學、藝術也都有很好的表現。

生初開口的音聲則為緣起之義，從緣起義迴繞至法性義；所以阿字在緣起及法性二者皆具足。

在各個經典中，對阿字義有各種不同的解釋。

在《在大方廣大集經》中云：「阿是無常義。」在《大涅槃經》云：「無迫害，不留之義。」在《大寶積經》云：「無作、無分別、無自性、不可思議。」在《守護國界主陀羅尼經》云：「有菩提心法門；無二、法性、自性、自在、法身。」這是阿字七義，有百義，甚至無量義。

在空海大師的《阿字觀用心口訣》中記載：「此阿字有：空、有、不生三義。空者，森羅萬法皆無自性，是全空也。然依因緣假諦現，萬法歷然有之。譬如意珠湛七珍萬寶，而如隨緣降寶。破玉，見中一物無之，雖然隨緣生，寶非無，是以知：空有全一體也。是云：常住，常住則不生不滅也。是名阿字大空，當體極理。然我等胸中此字觀，自然具足此三義，具此三義者，即大日法身也。」

阿字有三義：空、有、不生。「空」是森羅萬法都無自性，是全空，依於因緣而一一現起；萬法明明朗朗是為「有」，但其實都是隨著因緣而生起，所以「空」、「有」一體。

這空有一體即是空海大師所說的：「常住義，是不生不滅，假有全空。」

空海大師亦是依止天台智者大師所說的空、假、中三

Vairocana

大日如來

修習阿字觀純熟時,我們自身與阿字一體不二,亦等同大日如來尊

觀。所以常住則不生不滅，則名爲阿字大空，當體極理。

當我們在胸臆間觀想阿字時，此阿字是要具足空、有、不生三義，具足此三義是名爲大日如來法身。

當我們思惟阿字的義理時，也就是在觀察大日如來法身。基本上，義理的思惟也是一種念佛三昧的方法。

阿字的義理想當多，在中國，阿字觀的修法幾乎都已消失了。反而在日本，阿字觀的修法發展甚爲盛行。在覺鑁上人的《一期大要秘義集》中，則將阿字列出十義：一、平等義。二、無別義。三、無生死義。四、本不生義。五、無始義。六、無住義。七、無量義。八、無我義。九、無爲義。十、無闇義。

如果讀者對阿字義仍有興趣，可參考《守護國界主陀尼經》中的阿字百義。

阿字有三義、七義、十義、百義，乃至無量義，但總約而言，我們思惟阿字，主要是總攝其根本意旨：諸法本不生，由本不生而生幻有全空，常住於中道，不生不滅，一切無可住。以此來攝持阿字無邊的意旨。

阿字的實相之理

當我們修「阿字觀」純熟之時，那麼，我們自身與阿字會成爲一體不二。此時，我們自身即是阿字，我們以阿字自己來觀想阿字，阿字相作於阿字，以阿字來宣說阿字，法界

Vairocana

大日如來

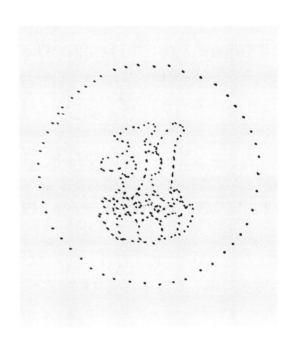

法界全體是阿字，則我們與大日如來體無二無別

全部都成爲阿字本然不生的境界。

　　練習到此階級，我們證得諸法本不生的至理，並自心開顯清淨菩提心的妙德。我們凡夫的貪、瞋、癡等三毒無明，自然能夠清淨銷融，而生死涅槃與煩惱菩提的分別執著，也自然消融，而證得即身成就大日如來。

　　當然，就實相而言，法界全體是阿字，亦是本不生滅，我們與大日如來體性無二無別，根本也沒有能作與所作的差別。這完全是體性法身的自在流行而已。

　　因此，以阿字顯示阿字的實相之理，讓一切阿字入於阿字的實相，讓法界全部圓滿爲阿字，一切大眾同證大日如來的果德。而也是——大日如來的體性本然吧！

Vairocana
大日如來

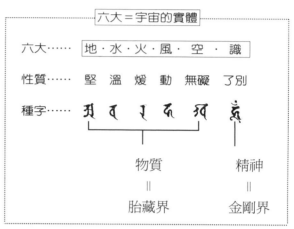

大日如來

六大＝宇宙的實體

六大……	地 · 水 · 火 · 風 · 空 · 識
性質……	堅 溫 煖 動 無礙 了別
種字……	

物質	精神
=	=
胎藏界	金剛界

五輪塔觀是觀想自身等同大日如來（本圖出自《五輪九字明祕密釋》）

04 大日如來修持法之三：五輪塔觀

　　五輪塔觀是行者以五字來莊嚴自身，觀想自身等同大日如來。所謂的五字是地、水、火、風、空五大，在梵字中即是：阿 **舌**、鑁 **舌**、嚂 **乙**、唅 **乙**、佉 **石**，所以又稱爲五字嚴身觀。

　　另一名稱是六大相應瑜伽法，是現觀六大瑜伽成就的修法。六大瑜伽是除了原來的五大（地、水、火、風、空）外再加上識大，於是成爲六大瑜伽觀。

　　五輪塔觀是胎藏界中最主要的基本觀法，而金剛界以五相成身觀爲主要觀法，二者都是修行成就的必要法門。

　　五輪塔觀基本上是以阿字觀和月輪觀爲根本，所繼續發展出的禪觀。

　　五輪塔觀是從大智海毘盧遮那佛的體性中所流出，觀察自身眞相所顯爲地、水、火、風、空五大，而依識大來現觀來了知。

　　所以此法門與我們自身有很密切的關係，內五大（自己的身體）與法界的外五大是等同如一。

　　我們身體的地、水、火、風、空，與外界的地、水、火、風、空，是外世界與內世界的統一。

　　我們現觀五大的能觀之心，即是識大，而我們所觀照的

Vairocana
大日如來

■ 練習五輪塔觀之前，先練習「囕字觀」

1.自心月輪中觀想囕字，囕字清淨
　五蘊

2.頂上八指處現起囕字

3.囕字從頂髻由上往下焚燒全身，
　身體全部燒融

4.燒至每一個毛孔都流出火熖，整將
　個身體完全清淨

五大，即是法界構成的質素。當這六大（五大加上識大）能常相應瑜伽，我們自身即現前成就五輪塔，也是圓滿了大日如來自身。

在修法前，我們首先依止大日如來。

五輪塔觀的修法，讓我們了解自身現前的五大，與外界的五大其實是等同如一。

如果修學者有了前面「月輪觀」與「阿字觀」的練習基礎，能使「五輪塔觀」的練習更加鞏固，因為「月輪觀」與「阿字觀」是修學「五輪塔觀」的重要基礎觀法。

「五輪塔觀」是修習者觀察自身為地、水、火、風、空等五輪塔的修持根本。我們以自己的身體即為「圓壇曼荼羅」，與大日如來的法界自體無二無別，所以我們直觀自身即是五大成身的五輪塔。

在練習五輪塔觀之前，我們先練習「淨法界三摩地」——囕字觀。首先在自己的心月輪中觀想淨明赤色的囕字，囕字將五蘊（色、受、想、行、識）完全清淨，然後觀想在頂上十字縫處（頂上八指處）現起囕 𑖨 字，囕字火焰熾然，由上往下焚燒全身，將自身的三脈七輪、身體所有的支分、骨髓、所有的內臟，全部都燒盡。

燒盡之後，再從眼、耳、鼻、舌、意每一個毛孔都流出火焰，整個身體完全清淨。

再從足下往下燒，燒遍一切地輪，整個外法界也都全部

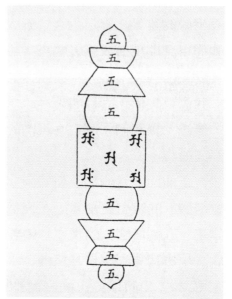

世界正依圖（出自《五輪九字明祕釋》）

五輪塔（圖自《尊勝佛頂瑜伽儀軌》）

變成清淨，這就是所謂的淨法界三摩地成就。

接著我們將「阿」字布於下身，我們修習金剛地輪觀，觀想自身臍下黃色方形，地輪中間是阿　字明朗現前。

「鑁」字布於臍上，腹部是大悲水輪觀，水輪如聚霧的九重月輪，中間鑁　字如商佉色如雪乳。

「嚂」字布於心間，心輪嚂　字，如初日暉。

「唅」字布於眉，風輪深青色，中間唅　字是黑的晶亮的深玄色。

「佉」字布於頂輪，佉　字空輪，空輪我們可以觀想成一切色或是如同無雲晴空之藍色。其形狀爲寶形、半圓形或爲圓形。於是我們成爲法界自身的地、水、火、風、空等五輪。

我們自身的五大即是圓壇曼荼羅，內五大與外五大等同一如，現觀自身阿鑁嚂唅佉五字嚴身遍滿法界。

修學者如果能時常觀照自體即是五輪塔，其實是最幸福光明的事了。

開始時，我們在寂靜的時候觀修，直至練習純熟時，我們能夠於行、住、坐、臥當中，現觀自己是五輪塔時。如此一來，我們不只會感覺到身心愈來愈輕利自在健康無病，而且與法界同體的覺受也會宛然現起，定力、智慧、悲心，也自然而然的增長了。

如此練習，不僅能滅除一切罪業，連天魔也無法加以障

我們自身成就五輪塔，也圓成大日如來尊

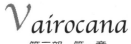

礙。這時，由於法力所加持，我們逐漸能體悟大日如來與我們自身無異的自覺，終究成就無上果位。

　　若欲更深入練習「五輪塔觀」，可參閱本社出版的《五輪塔觀》。

■ 五相成身觀（一）

通達菩提心 觀察自心中現起一
肘大的圓明月輪

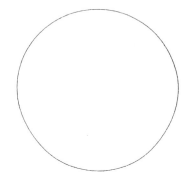

修菩提心 月輪清淨皎潔無有雲翳

成金剛心 1.觀想月蓮上現起金
色阿字

成金剛心 2.觀想無生阿字轉成
五股金剛杵

05 大日如來修持法之四：五相成身觀

　　五相成身觀是密法中金剛界的根本大法。透過五相次第的修行，從觀想月輪，蓮花、種子字到成證本尊身的過程，能讓我們具足本尊的成就，成證圓滿的佛身。

　　其實在密法中，如果不能體悟五相成身的內在理趣，並如理的修習，是無法通達真言密教及金剛乘秘要的。

　　五相成身觀又稱為五轉成身或五法成身，這個方法的基礎即建立在無上菩提心上。

　　當然，一切大乘佛法及密教的法門，無不建立於無上菩提心上。但是五相成身觀卻不只讓我們真實體悟無上菩提心的要旨，更能迅捷的修習菩提心，讓這菩提心成為金剛不壞的三摩地菩提心，並依此而迅疾成就佛身，以圓滿成佛，這就是即身成佛的要道。

　　五相成身觀在金剛界法門中的地位，可對應於胎藏界中的五字嚴身觀（五輪塔觀），而成為金剛界即身成佛。

　　在《金剛頂經》中記載，當修行者證入性空觀，阿娑頗娜伽（無識心）三摩地時，現觀一切諸法皆空，不見自己的身心相貌，自思如何安住於真如實際而成佛時，從定中起身問佛陀。這時，一切如來即異口同聲的授以五相成身觀。

　　五相成身觀透過：1.通達菩提心，2.修菩提心，3.成金

Vairocana
大日如來

■ 五相成身觀（二）

證金剛身：月輪、金剛杵轉成金剛薩埵（東密）

圓滿佛身 轉為頂戴五智寶冠的毘盧遮那佛

剛心，4.證金剛身，5.圓滿佛身等五個次第，而即身成佛。

在這過程中，從心到身，透過菩提心的通達與調鍊，而回證無比圓滿的自性金剛心，並以此金剛心來調練我們父母所生身，即身成就佛道，而圓滿佛身。這真是感恩、歡悅、清涼、喜悟的修行過程。

在一層一層的撥除根本不曾存在的無明雜染，在仔細的檢點從來不失的清淨菩提心時，我們豁然還得本心；也發覺自心體悟是本然不壞的金剛，金剛心豁然不增不減，不垢不淨、不得不失的法爾現前，原來我們的心即是金剛薩埵，即是金剛之心。

當現成體悟我們的身心是現成的金剛薩埵，就如同《金剛頂經》中所說：「金剛加金剛」，所謂本有與修生的金剛，如子母光明一般，本來圓同一味，不即不離；更如同水加於水中一樣，豁然同體。這種喜悅，應該是如來之喜吧！真是無所從來，也無從去的妙樂。

現成的佛身圓滿，是本來如是的即身成佛。這時法界即是現成的金剛界，法界一切的眾生，也即是圓滿的金剛，是現前的大日如來。

■ **四種念佛**

　　念佛即憶念佛之意，又轉為觀念佛陀的相好或是唱念佛陀的名號。據宗密的《華嚴經行願品列行疏鈔》卷四舉出四種念佛的方法：

　　(1)稱名念佛，謂專心稱念佛的名號，於晝夜間一心專注，或一萬聲乃至十萬聲，如是歲月既久，則念念不斷，純一無雜。

　　(2)觀像念佛，謂觀佛像，口稱佛名，則心不散亂，本性佛從而顯現，如是則念念不間斷，純一無雜。

　　(3)觀想念佛，謂於心觀想佛的相好圓滿，觀想純熟，則三昧現前。

　　(4)實相念佛，謂觀自身及一切法的真實相，乃無形無相，猶如虛空，而佛與眾生本來平等。如是實相念佛，念念相續不斷，則三昧現前。

■ **善財童子**

　　善財童子為《華嚴經》〈入法界品〉中的求道菩薩，曾經南行參訪五十三位善知識，遇普賢菩薩而成就佛道。大乘佛教以善財童子作為即身成佛的例證，其求法的過程，則表示華嚴入法界的各階段。

　　據《舊華嚴經》卷四十五〈入法界品〉記載，善財童子為福城長者之子，於入胎及出生時，種種珍寶自然湧現，故稱之為善財。

　　其後受文殊師利菩薩的教誨，遍遊南方諸國。先至可樂國參訪功德雲比丘，受念佛三昧門。繼之，歷訪菩薩、比丘、比丘尼、優婆塞、優婆夷、童子、童女、夜天、天女、婆羅門、長者、醫師、船師、國王、仙人、佛母、王妃、地神、樹神等，聽受種種法門，終至普賢菩薩道場，證入無生法界。

06 如何出生於蓮華藏世界

　　蓮華藏世界海非常的廣大，當我們發願日後生於蓮華藏世界，最切要的即是皈命毘盧遮那佛。往生時就以毘盧遮那佛所教化的蓮華藏世界海所安立的中心，也就是我們所生存的娑婆世界，但此時的娑婆世界已是清淨，即為蓮華藏世界海的中心，在毘盧遮那佛的教化之中，如同生活在《華嚴經》的世界。而其重點是我們和毘盧遮那佛住在一起，像《華嚴經》中記載的一般，如同普賢菩薩安住於佛陀身旁。

　　此外，應以《華嚴經》的修法為中心，修習海印三昧，如果無法於今生成就，但基本上還是具足信、願、行、智、皈命於毘盧遮那佛，決定將一切修法的功德迴向給往生蓮華藏世界海，並能時時持誦毘盧遮那佛名號，以「四種念佛」來行持大日如來的身體、語言、心意，實踐普賢行。

　　接著，應該依《華嚴經》中的〈淨行品〉來修持，在自己的日常生活中，整個生活瑜伽、生活禪法都是與〈淨行品〉相應。

　　我們了悟毘盧遮那如來的清淨體性，決定自己必然能夠成就毘盧遮那佛的果德，了解整個法界現起皆是不可思議的，如海印三昧現前，十方三世同時炳現。

　　善財童子五十三參其實就是在實踐往生毘盧遮那佛法界

Vairocana
大日如來

善財童子五十三參圖繪

大海的因緣。他每到一處必會先向那位善知識說：「我是一個發菩提心的人，發無上正等正覺之心，現要圓滿菩薩行。」善財所參訪的五十三位善知識，即是當時於各個領域中行持的菩薩，也就是普賢行所展現的各種不同的樣貌。

　　善財童子是經由一個階位、一個階位行來，十信→十住→十行→十迴向→十地，最後證入圓滿的普賢行，進入毘盧遮那佛的蓮華藏世界。

　　往生蓮華藏世界海的境界無限廣大，基本上我們能掌攝的，可以先從甚深的信心中來體悟：毘盧遮那佛與我們的體性同等無二。如是體悟之後，我們便依照〈淨行品〉來修持，使我們的生活都安住在清淨之中。

　　將〈淨行品〉整個落實在我們的日常生活中，但要了解，它是個基礎，它不只是「願望」，而且是「淨行」，是我們學習從初發心菩薩到最後身菩薩都不停地在實踐的過程。從淨行中起修，接著隨依於《華嚴經》中的種種三昧，選擇任何一個三昧都可以，具足信、願、行、智，皈命大日如來，然後將修持功德迴向往生蓮華藏世界海。當我們如實地修證、實踐，最後修持圓滿就是海印三昧的境界。

　　除此之外，也可以加修「普賢十大願王」。「普賢十大願王」本是往生極樂世界的，而極樂世界是蓮華藏世界海的一部分。普賢十大願王的別立只是為了使眾生的心有所依皈，如果就整個廣大大行而言，他還是匯歸於蓮華藏世界

Vairocana
大日如來

■ 金剛喻定

金剛喻定是指能破除一切煩惱的禪定。是如同金剛一般堅利，能摧斷一切的智慧禪定。又作金剛三昧、金剛滅定、金剛心。

毘盧遮那佛是一切諸佛智慧的根本（藏密）

海，幫助我們圓滿地往生極樂世界中。

出生於蓮華藏世界的心要

我們想要於日後出生於蓮華藏世界，那麼我們平時就必須練習如何往生蓮華藏世界，了悟往生蓮華藏世界的需要。

1.首先我們必須了悟整個蓮華藏世界海的安立者，透過這樣的了悟我們才能在圓滿的蓮華藏世界中，完全與大日如來相應。

大日如來代表一切諸佛的光明體性，也就是一切諸佛的法身，所以毘盧遮那又稱為光明遍照，也就是這個緣故，在體性上，他是一切諸佛智慧的根本。

所以，首先我們要皈命大智海毘盧遮那佛。由於他是諸佛智慧的根本、圓滿，從圓滿體性中出生一切諸佛，從這個立場來看，毘盧遮那佛是一切諸佛的根本，一切諸佛的法身，是法界主。

或許有些人會誤認一切諸佛都是毘盧遮那佛的化身，所以就認為毘盧遮那佛比一切諸佛更偉大。其實，一切諸佛是沒有大小分別的，毘盧遮那佛是一切諸佛的體性，這是就真實的境界上來看，因為他是一切諸佛的法身，每一尊佛乃至一切眾生；其實一是果，一是因；每一個眾生都有毘盧遮那佛的因，也將會成證毘盧遮那佛果，安住在金剛喻定毘盧遮那佛現起的境界中。每一尊佛陀的法、報、化三身都是不一

Vairocana

大日如來

一切諸佛的法身和毘盧遮那佛不二

不異的，我們千萬不要有「分別」的想法。

　　諸佛光明遍照的體性身，在因緣位中被特別的突顯出來，這就是《華嚴經》中的毘盧遮那佛，也就是《大日經》中的大日如來。

　　就體性上而言，毘盧遮那佛是日光遍照，是一切諸佛的體性；阿彌陀佛的法身和毘盧遮那佛是不二的；阿閦佛的法身和毘盧遮那佛也是不二的；乃至一切諸佛與毘盧遮那佛的法身皆是不二。在緣起示現的蓮華藏世界海是廣大的報身，特別把宇宙的因緣相攝起來，是對娑婆世界的特殊教化。

　　《華嚴經》中的毘盧遮那如來，在經中即是安住在蓮華藏世界海，在體性上是眾生究竟的法性，在相上亦如實地在法界中提起，他安住在釋迦牟尼佛成就的清淨世界，所以蓮華藏世界海和靈山淨土也是不一不異的，在究竟性上，毘盧遮那佛和釋迦牟尼佛是相應的；蓮華藏世界海和靈山淨土也是相應的，只是在緣起的趨入上還是有所不同的。

　　所以對於剛開始修行的人而言，在皈命上仍然有所不同，這是我們要特別標出毘盧遮那法界主的原因，所以想要日後出生於清淨的蓮華藏世界海的朋友，首先應要皈信毘盧遮那佛。

　　2.蓮華藏世界海的境界在海印三昧中全體湧現。

　　所有十方三世在此會歸成無盡緣起，如珠網交映。蓮華藏世界海中的賢聖眾，體性完全如實清淨。

Vairocana

大日如來

一切眾生都是因地的大日如來（日本　金剛峯寺）

要趣入蓮華藏世界海，必需圓滿慈悲與智慧二者。我們絕對深信毘盧遮那佛具足圓滿的慈悲與智慧。這慈悲與智慧在蓮華藏世界海示現微妙不可思議的相攝相映的境界，最究竟的蓮華藏世界海是「十方三世同時炳現」，超越一切時空因緣。

就體性上來看，一切眾生都是因地的大日如來，因果在此世界也是一如的。眾生不僅是毘盧遮那佛的因，也是現前的毘盧遮那佛。一切諸佛、一切眾生都在蓮華藏世界海中圓滿，從果地中所攝現出的海印三昧是珠網交映，重重無盡世界海。在相上也現起一切眾生圓滿成佛的殊勝境界，對此我們也必須完全仰信，才能和要往生的蓮華藏世界海完全相應。

3. 在蓮華藏世界海中的毘盧遮那佛，扣緊金剛三昧和海印三昧。

常寂光是指毘盧遮那佛體性寂滅的遍照光明，即是法性光明，也是一切諸佛的法身。從這樣的體性中現起海印三昧，宛如帝釋珠網莊嚴。一切眾生、一切諸佛都是摩尼寶珠，珠珠相映，無盡無量的緣起，顯示出無窮無盡的蓮華藏海世界。

所以，如果沒有完全的皈信，只是用一般的知識來思惟這樣的境界，是永遠無法窮盡的。華嚴宗祖師教導我們：「若起不起，不起即是性起」，我們必須寂靜一切的分別思

Vairocana

大日如來

相信毘盧遮那佛、法、僧三寶,即現生蓮華藏世界

惟，完全地皈信，讓所有的心停止寂滅，匯入整個蓮華藏世界海，皈信毘盧遮那佛、皈信毘盧遮那法、皈信毘盧遮那賢聖眾。

這時，就會現起如日出東山、如大日從海面中跳躍而出，豁然之間還得本性、豁然之間會見常寂光體性，豁然之間具足一切三昧，豁然之間十方三世從心中建立起來，最後看到蓮華藏世界海的帝珠莊嚴。

4. 重重無盡不可思議，相攝相入，光明等流的世界。

「等流」即是等法性流、等智慧流、等無盡緣起之流。光明如實地現起，等同大智海毘盧遮那佛無窮無盡的光明。我們必須不造作，心寂靜，體性如實住，這即是毘盧遮那佛的廣大威神力所加持。

5. 從體性的寂靜中，現起遍照光明的大作用，使一切法性遍達，一切本然具足，不假造作、完全寂靜，才能使一切完全住在如如的清淨法界中。

6. 於是我們皈命毘盧遮那如來體性的不可思議，隨順如來的寂靜本性，了解蓮華藏世界的佛、法、僧三寶，決定堅信往生蓮華藏世界海。

7. 因為蓮華藏世界海不離我們的心中，我們的寂靜心就是蓮華藏世界海，心寂靜身即能攝入於蓮華藏世界海。皈信毘盧遮那佛、法、僧三寶，即現生蓮華藏世界中。

8. 當我們在如此的境界，由於體性寂靜的緣故，毘盧遮

Vairocana

大日如來

我們要學習毘盧遮那佛的法門，或證其寂靜的體性

那如來的無盡智慧，加持我們無間現前的法界智慧體性。

9. 當我們決定仰信蓮華藏世界海的佛、法、僧後，在我們的心中，要能夠發起廣大的誓願，發願決定生於蓮華藏世界海。

就因、道、果而言，在無論在哪個空間、那個時間，十方、過去、現在、未來三世當中，恒常隨學於毘盧遮那佛，如此一來我們即是因地的毘盧遮那佛，不但隨學於毘盧遮那佛，並在普賢菩薩的教化之下，修行一切普賢行願，即是行毘盧遮那佛道，圓滿毘盧遮那佛。

10. 要學習毘盧遮那佛的法門，成證毘盧遮那佛寂靜體性。

在道上則是恆學菩薩行，這菩薩行即是普賢行，光明普照一切世間黑闇，救度一切眾生。

在果地上，則是我們現前自身現起毘盧遮那佛來救度廣大無量的眾生。

所有這一切的根本是心要寂滅，要達到這個境界就要慈悲與智慧互相交往，從慈悲與智慧中出生，匯歸於一切世間與出世間的一切光明、一切救度法。

11. 我們要與蓮華藏世界海的聖眾共同相會，共同修學，在他們的指導教化之下，圓滿毘盧遮那佛的大願。

12. 經過深刻的修行之後，我們了知大日如來的根本核心即是大悲與大智，即是要濟度一切眾生圓滿成佛。

Vairocana
大日如來

大願海毘盧遮那佛

這樣的「因」就是大日如來最深層的大悲心，而如何使一切眾生圓滿成佛就要具有大智，如此大悲與大智相會，安住在毘盧遮那佛的法中，就能隨時隨地遍照光明、照耀眾生，建立一個不壞的金剛法界，如實現前，如此才能使一切眾生安住。

13.我們所發起的願都要隨順清淨體性與大悲大智。

在大智海中，我們會現見廣大不可思議、宛如帝珠般相映相攝的蓮華藏世界。一切諸佛相互注照，就宛如摩尼寶珠放出無量光明互相注照，一切如來影現中，同時一切如來也加持吾等。

由於諸佛威神力加持的緣故，我們能夠體現法爾清淨的體性，發現到原來我們與諸佛平等不二，但是這得要在甚深大願中才能親見、實證。

因此，大智海毘盧遮那佛同時也是大願海的毘盧遮那佛，因為智是果，願是因。由是我們隨學毘盧遮那佛，在毘盧遮那佛的加持下才能體現法爾本然，只要在毘盧遮那佛威神力的加持之下，我們具足廣大的力量，才能現起海印三昧。

14.法爾本然現起不可思議的海印三昧境界，如此蓮華藏世界就已圓滿了。而一切眾生都能在蓮華藏世界海圓滿。

當我們決定往生華藏世界，就能看到諸佛殊勝之處，真實的蓮華藏海相攝相入，只有在全體的心念寂滅之後，蓮華

Vairocana

大日如來

大日如來（金剛界）

藏世界海才能熾然全體顯現，決定願生蓮華藏世界海，皈命毘盧遮那佛法僧三寶，安住在大悲、大慈，圓滿一切眾生建立如實的金剛法界，並深信在毘盧遮那佛威神力的加持之下，能夠實然現前帝珠相映，與諸佛相映相攝，在法爾本然中現起海印三昧，這是我們的所願所行。這願也是實然的，是因也是果。

15.了知普賢行即是毘盧遮那佛的道，而同時一切菩薩行也都會歸於普賢行之中。

這在《華嚴經》中有清楚的顯示，我們的體性即是普賢因，菩薩所行即是普賢，毘盧遮那佛即是普賢果，因此要圓滿因、道、果才能安住於普賢行之中。所以，我們要先從心行起首，心要寂滅，隨順普賢大願，因要清淨，要如實隨順於我們所想的心願。

16.要行普賢行時，首先我們要稽首甚深的普賢之恩。

在《華嚴經》我們看到毘盧遮那佛成佛後稽首普賢恩，因為普賢行是一切菩薩行，一切成就毘盧遮那佛之道，如果沒有因就沒有果，因此沒有普賢行也就沒有毘盧遮那佛。

就毘盧遮那佛而言，一切眾生清淨的心即是他的因，一切普賢行即是道，成就毘盧遮那佛即是果，所以要稽首清淨的心、清淨的道。因此，我們稽首甚深普賢恩，即使將來我們無法現前安住在海印三昧的境界，也能使我們清淨而安住在蓮華藏世界海之中。

Vairocana

大日如來

毘盧遮那佛（4th-6th，高 156cm）

17.我們要具足往生蓮華藏世界海的殊勝密行，必須要具足念佛三昧，因為念佛三昧是一切菩薩共行。

念佛三昧即是念「光明清淨」，因為諸佛即是光明清淨，念念毘盧遮那即是念念光明遍照、念念智慧、念念寂滅、念念法性、念念不動、念念安住、念念無間、念念在法性界中、念念在大智海中，這樣的境界就是念佛無間，念毘盧遮那如來無間。如此一來，我們的心自然無住、無間地光明遍照。只有止斷一切分別的心念，才能從大智海中生起法智、次第圓滿。這是我們念毘盧遮那佛的修行次第。

18.當我們到達念佛無間、心具光明的境界時，一切諸佛的體性即是毘盧遮那佛，我們自性的體性也是毘盧遮那佛。

一是因一是果，所以說「在纏名如來藏，出纏名大法身」，諸佛的體性即是大法身，我們是如來藏，但有一共同點是同樣都是毘盧遮那。

當我們的心完全寂靜後，性起無住，法爾現前，無住生心，自然具足大用。這是無住妙行、妙用現行，救度一切眾生，行一切普賢行。

19.遠離分別造作，遠離能所分別，而全體作用，以全體會全體，即是無分別、無造作的一合相。

一切法界和我們的心性相融；我們的心即是蓮華藏世界海，而心王即是毘盧遮那佛。任何無住生心都是一念一諸佛，念念都是珠網，念念相映，其中不執著、不造作。

Vairocana
大日如來

毘盧遮那佛（中國、北齊，高 173.1cm）

20.由此的無盡緣起，法界熾然現起，在此能自在作用。

就如同我們一個心念動即是法界全體現起，就如同只要拿起衣服的一角就能將整件衣服提起，而我們所行就安住在毘盧遮那佛的普賢行中，也就安住在毘盧遮那佛的佛境菩薩行中，即在佛境中示現菩薩行。

21.普賢住處實是不思議，如實顯現蓮華藏世界，決定現生蓮華藏世界海當中，在常寂光中自生自顯，如此也是普賢住處遍達一切法界中住。

到達這樣的境界之後，要通達智慧，了知往生蓮華藏世界的真實義，使我們能夠無生而生，與毘盧遮那佛同一鼻孔出氣，所以我們必須具足智慧圓滿。

22.當全體會全體、完全相攝的一合相智慧與境界現起時，法界大覺就是完全覺了法界，能夠與所照相映不二、平等相攝，如此才是大智海。

我們決定現生蓮華藏世界，而現生之事其實也是現成的，所以決定現生和現生蓮華藏世界是同時產生的，因為蓮華藏世界即在心中。當我們臨終時，可入於法界的蓮華藏世界，所以我們同時也在蓮華藏世界中出生在十方世界，這就是《華嚴經》中「海印三昧」相映相攝的真實的境界。這是甚深甚深的真實相，體用不二相，體相如如的境界。

23.蓮華藏海要如實現前必需在法爾中，因為在法爾中才能無造作的示現無盡緣起。

■ 本覺

本覺指本有的覺性。為「始覺」的對稱。先天本有而不受煩惱污染等迷相所影響，其心體本性乃是本來清淨的覺體，稱為本覺。

■ 始覺

始覺為本覺的對稱。《大乘起信論》謂阿賴耶識有覺、不覺二義，覺又有始覺、本覺的分別。其中，經過後天的修習，漸次斷破無始以來的妄執雜染，而覺知先天的心之本源，稱為始覺，亦即發心修行，次第生起斷惑的智慧，斷破無明，歸返本覺清淨的體性。

華嚴海會諸聖眾（部分、日本高山寺）

法爾是體，蓮華藏海是用、是現；所以法性是體，緣起妙用是相。在體上金剛喻定、是法性，在相上是海印三昧、是蓮華藏世界海。突然之間我們了知：原來時空都是虛幻的，所以十方三世同時炳現，而我本然是法爾，如實影現，何用再生？所以我本然法爾如實生。我們現前法爾，如實已現生在蓮華藏世界海中，由於諸佛威神加持的緣故，我們在信、願、行中次第圓滿。

24.海印三昧也在我們心中自然圓滿，性起寂滅照光明，從寂滅的體性中現起如實的法身大用。

所以光明遍照、遍照光明，能照與所照完全相應、平等，光光相照，法界遍體通明，自攝自照，是毘盧遮那佛的境界。而所現起的大用即是大悲，本性即是智慧。

25.體即如，相即用。

體也是寂靜的法性，相即是現起蓮華藏世界海，用即是遍照光明，如如不二，體相一如，全都在大智海中圓具、圓滿。從大悲出生一切空寂，從空中出生大悲。也就是大悲與空智完全匯通不二、相應瑜伽，完全徹底相應的一合相。

26.法爾華嚴即是本然的華嚴。

從法爾華嚴所示現的蓮華藏世界海示現《華嚴經》，讓我們從這勝妙緣起中匯入法性，子母光明會，讓本覺、始覺相應相攝，現前安住，即是遍照毘盧遮那佛。

$\mathcal{V}airocana$

大日如來

■ 《華嚴經》〈賢首品〉

　　〈賢首品〉是文殊菩薩以種種淨行的菩提心功德為何而發問,由賢首菩薩回答之。以四句為一偈,賢首共說了三百五十九頌半。

　　總分為三大部份:最初四頌是表明功德無邊,稱揚不能盡之謙詞:第二部份有三百四十六偈半,是正說廣大勝德:第三部份有九偈,是勸眾生信持此。

07 趨入華藏世界海的黃金之鑰─海印三昧

如果我們日後想出生於蓮華藏世界，我們平常的練習是很重要的，而練習「海印三昧」，就是趨入華藏世界的黃金之鑰。

海印三昧是《華嚴經》的根本大定，又稱為海印定，是以大海在無風之時，澄波萬頃，晴空無雲，列宿星月炳然印現；就如同頓現一切眾生的心念與三世一切法門一般。

我們如果從《華嚴經》研究海印三昧時，一開始如果感覺無法趨入，可以先看〈賢首品〉，因為《華嚴經》中所記載的境界，對一般人而言是很抽象的，而〈賢首品〉中有一些很大的方便，讓我們從現實的修持中趨入，其中除了主、客對調外，亦讓我們的六根、六塵同時產生互換的現象，此互換現象會讓我們的執著減少，待減至最細膩的狀況下，此時華嚴世界海（海印三昧）會在彈指間現起。

此時現起的華嚴世界海，不再是用觀成的感官世界去觀察，海印三昧不可能是用觀成的感官世界而已，它是全體法界的展現。

如果以摩尼寶珠來說明，假設現在有一群人同在一起，每個人手中都拿著一個摩尼寶珠，或是找們立的前、後、左、右、上、下等方向都有鏡子的鏡屋中，我們會發覺

Vairocana

大日如來

華嚴海會諸聖眾

「咦！怎麼有無量的我在裡面呢？」現在假設這中間有無量的大眾，而我們都在其中，同時存在著無量球，就有無量身存在其中，我們當中如果有一個人動一動，就有無量身同時都有動作。這樣的譬喻是讓我們初入華藏世界的方便之門。

現在，讓我們觀想每個人都在一顆水晶球之中，而且此水晶球不是一個，無量無邊的水晶球，有無限小的水晶球組合起來的，有無限大的水晶球的組合，從無限小到無限大的水晶球，他們互相之間無限相攝。

而在其中的人也會被攝入最小的水晶球中，而此最小的水晶球又會攝入最大的水晶球當中，這就是經中記載的「大小互攝」。而這大小之間的時空也是無限的，即所謂「無限時空」。

倘若全宇宙皆如此，那麼，時間到底有多少？而空間有多少呢？就待此時我們去了解、整理所有的理念、思想時，等待我們所有的妄想、妄念消失之時，它就是如是的法界，在這樣的境界中，我們眼睛一眼望去、不起分別的心的那一剎那，就能攝入這無盡的身影。

我們每個人依於自己的緣起開始，從現實走入華嚴世界。其實我們在走入華嚴世界時，因果同時，我們已在華嚴世界一念相迴，以前我們在華嚴世界而不自知，現在了解我們自身在華嚴世界當中，所以要走入華嚴世界。

此時，我們不禁思惟：這到底是開始的結束，還是結束

Vairocana

大日如來

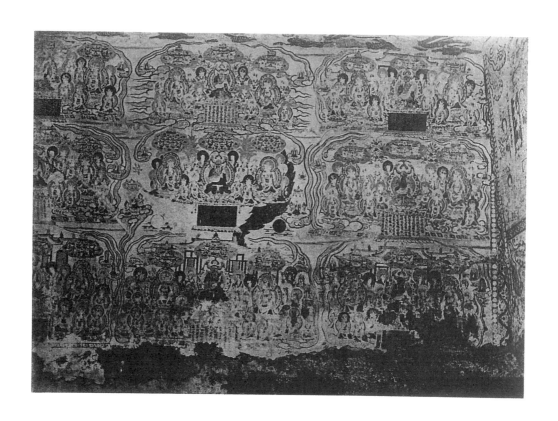

華嚴經變相（敦煌第 78 窟）

的開始呢？其實我們走的這條路是從我們自己開始，最終結
果是把自己化掉，再將自己從無生中現前。這樣的境界就似
海浪回到大海自身後，又回來，顯現一場大幻化網的遊戲、
報身佛的遊戲。

在此我們莊嚴地展現這個劇場，我們要回報法界恩，所
以要稽首普賢恩：

普賢因地即是一切眾生佛性，

普賢果地即是一切諸佛妙果，

普賢行道身即是普賢菩薩妙行。

任何一切現前的本證、本初境界普賢王如來，即是法性
本然，四種普賢在此一地圓成。

我們修持海印三昧，從現象上，我們從現在開始須將自
己化成文殊菩薩所策發的善財童子──即因地的普賢菩薩。
但同時清楚地知道，實際上我們已證列佛地，這就是所謂的
「初發心，即成正覺」。

我們已墮入佛之數、墮入佛海，所以在此會有相應的境
顯現，但千萬注意不能有錯覺，不要生起妄識之心。在進入
佛世界海之後，會經常見到自己的佛身，然而在緣起的相上
而言，那乃是「未來世界」！儘管在現象上，的確是統一的
法界，可是我們現處身於緣起世界，所以因果宛然。

「海印三昧」之得名，正因為它所現起的世界有如海中
的倒映，但是因果宛然，秩序井然，在緣起的秘密上是不能

Vairocana
大日如來

大日如來坐像（金剛界）

大日如來坐像（胎藏界）

參差的、不能產生混亂的，否則攪亂了一池春水，雖然最後還是會成佛，但到頭來還是得將這攪亂的春水一波一波地收拾，卻也難啊！

　　從海印三昧的境界中出定後，我們切莫以為自己成佛了，雖然以法性而言這是無錯謬的，但在緣起上這種錯覺純屬愚妄；但是，所謂人人是佛、本來佛陀的說法，並非時間上的名詞，而是「當下」的名詞，是十方三世同時炳現的名詞。否則佛豈不是會退失了，這就成了謗佛者。大千有佛，修證成佛；在纏名為如來藏，出纏名為大法身，體性上皆同，但緣起上迷悟有別。

　　所以，要趨入海印三昧華嚴世界海，最重要的是要現知一切眾生現前是佛、在法界中沒有差別相，但在緣起上要步步圓滿；在心的見地上要絕對圓滿，但在次第現象上則因果宛然，如此才能成就圓滿的海印三昧。

Vairocana
大日如來

• 盧舍那佛立像（敦煌第 428 窟）

第二章　大日如來的相關經典

01 《大日經》〈入真言門住心品〉導讀

　　《大日經》漢譯成《大毘盧遮那成佛神變加持經》，是一部敘述稱爲「大毘盧遮那」以如大日一般顯赫的智慧光明，慈悲救濟一切眾生的經典。

　　《大日經》在中國與印度的密教中，位於何等地位並沒有很明確的看法，然而此經傳到日本後，卻一躍而成爲最高地位的密教經典。

　　在東密中，《金剛頂經》與《大日經》並沒有輕重之別，皆被視爲最崇高的經典。而〈住心品〉可以視爲《大日經》的序品，其主旨在通論《大日經》的大意。

　　所謂「住心」是安住於眾生自心的實相，即安住於一切智智。「一切智智」意指如實了知諸法實相的靈活妙用。體現此一切智智者，名爲一切智者，又稱一切見者、一切覺者。

　　修習眞言乘的菩薩，爲了趨入如來眞實言之門，依此觀誦眞實門，發自心菩提，自心即具備萬行，見自心的正等

$\mathcal{V}$airocana
大日如來

・盧舍那佛坐像（龍門石窟　奉先寺洞）

覺，證自心的般涅槃，發起自心的方便而至嚴淨自心的佛國。

　　由如是因位至果位止，將此安住於無染無著之清淨心稱為入眞言門住心，簡稱爲修眞言行。

　　此品中明述三句、八心、六十心、三劫、六無畏、十地、十喻等。此三句，八心等應是列舉自心的種種相，總該凡夫心的實相，蓮華胎藏曼荼羅就是衆生自心實相的表現。

Vairocana
大日如來

• 藏密的四面大日如來

①薄伽梵　梵文 Bhagavan 意為世尊，此為理智不二的理法身，亦稱為本地身。

②如來　為加持門身。是本地身上加持神力所現的身，為理智不二的自受智身。新義派是以此加持門身為本經的教主；古義派則認為本地的理法身住於如來加持身而說此經，故以本地理法身為教主。胎藏曼荼羅中臺的大日如來尊，即為本經的教主，新義派將此稱為加持門身，古義派稱此為本地自性法身。

③虛空無垢執金剛以下是揭示十九執金剛，此為表現大日如來的智慧。

④十佛剎微塵數　無量數之意。

⑤越三時　超越初、中、後三時，為常時常恆之意。

⑥身語意　法身如來的身、語、意三密為一味一相，所以稱平等句法門。

⑦普賢以下是顯示瑞相三身之相。十方法界經中指法身、報身、化身之三身是對應度化眾生說法，所呈現之相。此為本地自證極位的影像。

02《大日經》〈入真言門住心品〉

大唐天竺三藏善無畏共沙門一行　譯

如是我聞：一時薄伽梵①住如來②加持廣大金剛法界宮，一切持金剛者皆悉集會。如來信解遊戲神變生大樓閣寶王，高無中邊，諸大妙寶王種種間飾，菩薩之身爲師子座。

其金剛名曰：虛空無垢執金剛③、虛空遊步執金剛、虛空生執金剛、被雜色衣執金剛、善行步執金剛、住一切法平等執金剛、哀愍無量眾生界執金剛、那羅延力執金剛、大那羅延力執金剛、妙執金剛、勝迅執金剛、無垢執金剛、刃迅執金剛、如來甲執金剛、如來句生執金剛、住無戲論執金剛、如來十力生執金剛、無垢眼執金剛、金剛手秘密主。如是上首十佛剎微塵數④等執金剛眾俱；及普賢菩薩、慈氏菩薩、妙吉祥菩薩、除一切蓋障菩薩等諸大菩薩，前後圍繞而演說法，所謂越三時⑤如來之日加持故，身語意⑥平等句法門。

時，彼菩薩普賢⑦爲上首，諸執金剛秘密主爲上首，毘盧遮那如來持故，奮迅示現身無盡莊嚴藏，如是奮迅示現語、意平等無盡莊嚴藏，非從毘盧遮那佛身、或語、或

Vairocana
大日如來

• 盧舍那佛坐像（日本東大寺）

①執金剛以下是明示等流法身。

②以下明示以方便道普應無量眾生。

③夜叉（yakṣa） 譯作輕犍鬼，為飛行快速的鬼類。

④乾闥婆（gandharva） 係天樂神。

⑤摩㬦羅伽（Mahoraga） 譯作大腹行或大蟒。

⑥一味 十界一味一相，即十界的身相，指大日如來所示現的德光，恰如大
海的浪潮，遍滿海中，皆悉等同一鹹味。

意生，一切處起滅邊際不可得。而毘盧遮那一切身業、一切語業、一切意業、一切處、一切時於有情界宣說眞言道句法。

又現執金剛①、普賢、蓮華手菩薩等像貌，普於十方宣說眞言道清淨句法，所謂初發心乃至十地，次第此生滿足緣業生增長有情類業壽種，除復有芽種生起。

爾時執金剛秘密主於被眾會中坐，白佛言：「世尊！云何如來、應供、正遍知得一切智智，彼得一切智智②，爲無量眾生廣演分布，隨種種趣、種種性欲、種種方便道，宣說一切智智，或聲聞乘道，或緣覺乘道，或大乘道，或五通智道，或願生天，或生人中及龍、夜叉③、乾闥婆④，乃至說生摩睺羅伽⑤法。若有眾生應佛度者即現佛身，或現聲聞身，或現緣覺身，或菩薩身，或梵天身，或那羅廷毘沙門身，乃至摩睺羅伽、人非人等身。各各同彼言音，住種種威儀，而此一切智智道一味⑥，所謂如來解脫味。

世尊！譬如虛空界離一切分別，無分別無無分別，如是一切智智離一切分別，無分別無無分別。世尊！譬如大地一切眾生依，如是一切智智天人阿脩羅依。世尊！譬如火界燒一切薪無厭足，如是一切智智燒一切無智薪無厭足。世尊！譬如風界除一切塵，如是一切智智除去一切諸煩惱塵。世尊！喻如水界一切眾生依之歡樂，如是一切智

Vairocana
大日如來

• 盧舍那佛坐像（唐招提寺）

①菩提心以下是為說明因、根、究竟之三句。真言行菩薩以淨菩提心為因，
　大悲為根本，眾生攝化的善巧方便為究竟至極。

智爲諸天世人利樂。世尊！如是智慧，以何爲因？云何爲根？云何究竟？」

如是說已，毘盧遮那佛告持金剛祕密主言：「善哉！善哉！執金剛！善哉！金剛手！汝問吾如是義，汝當諦聽，極善作意，吾今說之。」

金剛手言：「如是，世尊！願樂欲聞。」

佛言：「菩提心◉爲因，悲爲根本，方便爲究竟。祕密主！云何菩提？謂如實知自心。祕密主！是阿耨多羅三藐三菩提，乃至彼法少分無有可得。何以故？虛空相是菩提，無知解者，亦無開曉。何以故？菩提無相故。祕密主！諸法無相，謂虛空相。」

爾時，金剛手復白佛言：「世尊！誰尋求一切智。誰爲菩提成正覺者？誰發起一切智智？」

佛言：「祕密主！自心尋求菩提及一切智。何以故？本性清淨故。心不在內，不在外及兩中間，心不可得。祕密主！如來、應正、等覺，非青、非黃、非赤、非白、非紅、紫、非水精色、非長、非短、非圓、非方、非明、非暗、非男、非女、非不男女。祕密主！心非欲界同性、非色界同性、非無色界同性、非天、龍、夜叉、乾闥婆、阿脩羅、迦樓羅、緊那羅、摩睺羅伽、人非人趣同性。

祕密主！心不住眼界，不住耳、鼻、舌、身、意界，非見非顯現。何以故？虛空相心，離諸分別無分別。所以

Vairocana

大日如來

• 毗盧遮那如來三尊像（杭州飛來峰石窟）

①虛空界　指廣大遍滿、無礙涉入、自性清淨三義，亦即酷似大日如來的果德。

②菩提（bodhi）　為覺智之義，相當於本有無垢的清淨心。

③初法明道　指在初地入心的前半剎那間（入心是指入而未安定住時），於此時證悟心的實相。

④除一切蓋障「蓋障」為無明煩惱的異名。是指在初地入心的後半剎那間，此時達到淨除覆蓋自心實相的煩惱。

⑤住無為戒　謂安住於本有無漏的佛性戒，行者得發淨菩提心，為住於金剛薩埵三昧時的戒體。

⑥大勤勇　指佛陀。由於佛陀降伏煩惱魔、死魔、蘊魔、天魔等四魔的大勇者，所以以此。

⑦心指凡夫心，此心的諸相，有下列明示百六十心。

⑧心心　上面的心指凡夫心，下面的心指修行而生的心，即淨菩提心之意。

者何？性同虛空即同於心，性同於心即同菩提。如是，秘密主！心、虛空界①、菩提②三種無二，此等悲爲根本，方便波羅蜜滿足。是故，秘密主！我說諸法如是，令彼諸菩薩眾菩提心清淨，知識其心。秘密主！若族姓男、族姓女欲識知菩提，當如是識知自心。

　　秘密主！云何自知心？謂若分段，或顯色或形色，或境界，若色、若受、想、行、識，若我、若我所，若能執、若所執，若清淨、若界、若處，乃至一切分段中，求不可得。秘密主！此菩薩清淨菩提心門，名初法明道③。菩薩住此修學，不久勤苦便得除一切蓋障④三昧，若得此者則與諸佛菩薩同等住，當發五神通，獲無量語言音陀羅尼，知眾生心行。諸佛護持，雖處生死而無染者，爲法界眾生不辭勞倦，成就住無爲戒⑤，離於邪見通達正見。

　　復次，秘密主！住此除一切蓋障菩薩，信解力故不久勤修，滿足一切佛法。秘密主！以要言之，是善男子、善女人無量功德皆得成就。」

　　爾時，執金剛秘密主復以偈問佛：「
云何世尊說，此心菩提生？復以云何相，知發菩提心？
願識心心勝，自然智生說。大勤勇⑥幾何？次第心續生，
心⑦諸相與時，願佛廣開演。功德聚亦然，及彼行修行，
心心⑧有殊異，惟大牟尼說。」

　　如是說已，摩訶毘盧遮那世尊告金剛手言：「

Vairocana
大日如來

• 金剛界曼荼羅（西院本曼荼羅）

①外道　是總稱密教之外的教派。

②供養行　有內外兩種。外供養是指香、華、燈明、飲食等的供養。內供養是依據身、語、意三密的妙行，將行者的身、語、意三業供養於三世諸佛。行者於空去我執妄念時，三世諸佛應行者之念願，入於行者之身，本尊與行者成一體，本尊經行者之三業，而至顯現本尊自體之三密；將行者三業託付於諸佛，故稱之為內供養。

③無始生死以下是明示第一之住心，外道的有我說相當於此。

④補特伽羅（pudgala）　譯為人、眾生，指輪迴轉生的主體而言。

⑤阿賴耶（ālaya）　我的異稱。

⑥社怛梵（jōātvan）　知者外道。

⑦愚童凡夫以下是明示第二住心。

⑧護戒以下相當於第三住心。

善哉佛眞子！廣大心利益，勝上大乘句，心續生之相。
諸佛大秘密，外道①不能識，我今悉開示，一心應諦聽。
越百六十心，生廣大功德，其性常堅固，知彼菩提生。
無量如虛空，不染污常住，諸法不能動，本來寂無相。
無量智成就，正等覺顯現，供養行②修行，從是初發心。

　　秘密主！無始生死③愚童凡夫，執著我名、我有，分
別無量我分。秘密主！若彼不觀我之自性，則我、我所
生，餘復計有時、地等變化、瑜伽我、建立淨、不建立無
淨、若自在天、若流出及時、若尊貴、若自然、若內我、
若人量、若遍嚴、若壽者、若補特伽羅④、若識、若阿賴
耶⑤、知者、見者、能執、所執，內知、外知、社怛梵⑥、
意生、儒童、常定生、聲非聲。秘密主！如是等我分，自
昔以來，分別相應希求順理解脫。

　　秘密主！愚童凡夫⑦類猶如羝羊，或時有一法想生，
所謂持齋，彼思惟此少分，發起歡喜數數修習，秘密主！
是初種子善業發生；復以此爲因，於六齋日施與父母男女
親戚，是第二芽種。復以此施，授與非親識者，是第三疱
種。復以此施，與器量高德者，是第四葉種。復以此施，
歡喜授與伎樂人等及獻尊宿，是第五敷華；復以此施，發
親愛心而供養之，是第六成果；復次，秘密主！彼護戒⑧
生天，是第七受用種子。

　　復次，秘密主！以此心生死流轉，於善友所聞如是

Vairocana

大日如來

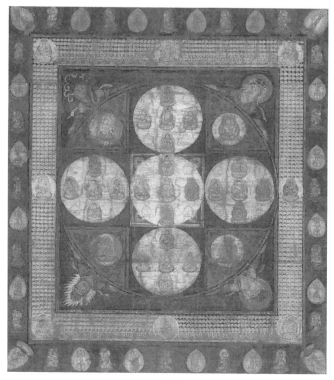

• 成身會

① 那羅延（nārāyṇa） 譯作堅固力士，謂有大象的七十倍力氣，為毗濕奴的化身。

② 商羯羅（saṇkara） 譯作鉤鎖天，為自在天的異名。

③ 俱吠濫（kuvera） 又名為毘沙門（vaiśravaṇa），譯作多聞天，為四天王之一，是鎮護北方的財寶天王。

④ 殊勝行以下是示第四住心。

⑤ 心相 以下是明示百六十心。此為行者心中念念群起妄念。現列舉其中重要之六十心，然而雖稱六十心，實際僅列五十九心，加入猿猴心乃成六十心。

言，此是天、大天、與一切樂者，若虔誠供養，一切所願
皆滿，所謂自在天、梵天、那羅延①天、商羯羅②天、黑
天、自在天、日天、月天、龍尊等，及俱吠濫③、毘沙
門、釋迦、毘樓博叉、毘首羯磨天、閻魔、閻魔后、梵
天、梵天后，世所宗奉。火天、迦樓羅子天、自在天后、
波頭摩、德叉迦龍、和修吉、商佉、羯句啑劍、大蓮、俱
里劍、摩訶泮尼、阿地提婆、薩陀、難陀等龍，或天仙、
大圍陀論師，各各應善供養。彼聞如是，心懷慶悅，殷重
恭敬隨順修行。秘密主！是名愚童異生生死流轉無畏依，
第八嬰童心。

　　秘密主！復次，殊勝行④隨彼所說中殊勝住，求解脫
慧生，所謂常、無常、空，隨順如是說。秘密主！非彼知
解空、非空、常、斷，非有、非無俱、俱分別、無分別，
云何分別空？不知諸空，非彼能知涅槃，是故應了知空離
於斷常。」

　　爾時，金剛手復請佛言：「惟願世尊說彼心。」

　　如是說已，佛告金剛手秘密主言：「秘密主諦聽！心
相⑤謂：貪心、無貪心、瞋心、慈心、癡心、智心、決定
心、疑心、暗心、明心、積聚心、鬥心、諍心、無諍心、
天心、阿修羅心、龍心、人心、女心、自在心、商人心、
農夫心、河心、陂池心、井心、守護心、慳心、狗心、狸
心、迦樓羅心、鼠心、歌詠心、舞心、擊鼓心、室宅心、

Vairocana

大日如來

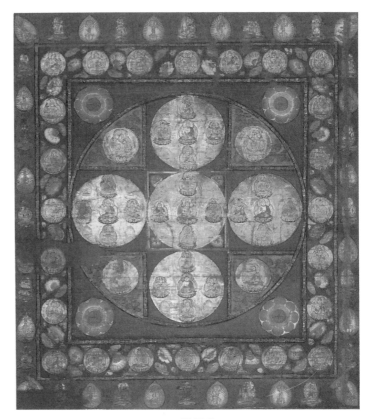

• 微細會

①貪心以下明六十心。諸苦所因，貪欲為本，故先列舉貪欲心。

師子心、鴝鵒心、鳥心、羅剎心、刺心、窟心、風心、水心、火心、泥心、顯色心、板心、迷心、毒藥心、羂索心、械心、雲心、田心、鹽心、剃刀心、須彌等心、海等心、穴等心、受生心。

　　祕密主！彼云何貪心❶？謂隨順染法。云何無貪心？謂隨順無染法。云何瞋心？謂隨順怒法。云何慈心？謂隨順修行慈法。云何癡心？謂隨順修不觀法。云何智心？謂順修殊勝增上法。云何決定心？謂尊教命，如說奉行。云何疑心？謂常收持不定等事。

　　云何闇心？謂於無疑慮法生疑慮解。云何明心？謂於不疑慮法無疑慮修行。云何積聚心？謂無量爲一爲性。云何鬪心？謂互相是非爲性。云何諍心？謂於自己而生是非。云何無諍心？謂是非俱捨。

　　云何天心？謂心思隨念成就。云何阿修羅心？謂樂處生死。云何龍心？謂思念廣大資財。云何人心？謂思念利他。云何女心？謂隨順欲法。云何自在心？謂思惟欲我一切如意。云何商人心？謂順修初收聚後分析法。云何農夫心？謂隨順初廣聞而後求法。

　　云何河心？謂順修依因二邊法。云何陂池心？謂隨順渴無厭足法。云何井心？謂如是思惟深復甚深。云何守護心？謂唯此心實，餘心不實。云何慳心？謂隨順爲己，不與他法。

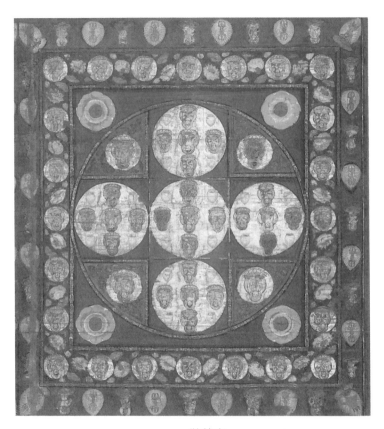

• 供養會

①惡作　即起追悔之念。

②文中缺少說明泥心的項目。泥心是指一向無無明之心。

③顯色心　謂一心應物而千變萬化，恰如白色隨其它光色而改變。

④越世間三妄執　此相當於第四住心。

云何狸心？謂順修徐進法。云何狗心？謂得少分以爲喜足。云何迦樓羅心？謂隨順朋黨羽翼法。云何鼠心？謂思惟斷諸繫縛。云何舞心？謂修行如是法，我當上昇種種神變。云何擊鼓心？謂修順是法，我當擊法鼓。云何室宅心？謂順修自護身法。云何師子心？謂修行一切無怯弱法。云何鵂鶹心？謂常暗夜思念。云何烏心？謂一切處驚怖思念。云何羅刹心？謂於善中發起不善。

云何刺心？謂一切處發起惡作①爲性。云何窟心？謂順修爲入窟法。云何風心？謂遍一切處發起爲性。云何水心？謂順修洗濯一切不善法。云何火心，謂熾盛炎熱性②。云何顯色心③？謂類彼爲性。云何板心。謂順修隨量法，捨棄餘善故。云何迷心？謂所執異所思異。云何毒藥心？謂順修無生分法。云何羂索心？謂一切處住於我縛爲性。云何械心？謂二足止住爲性。

云何雲心？謂常作降雨思念。云何田心，謂常如是修事自身。云何鹽心？謂所思念，彼復增加思念。云何剃刀心？謂唯如是依止剃除法。云何彌盧等心？謂常思惟心高舉爲性。云何海等心？謂常如是受用自身而住。云何穴等心？謂先決定彼後復變改爲性。云何受生心？謂諸有修習行業，彼生心如是同性。

秘密主！一、二、三、四、五，再數凡百六十心，越世間三妄執④，出世間心生，謂如是解唯蘊無我，根境界

Vairocana
大日如來

• 一印會

①蘊以下明示第五住心。

②一劫　三劫中之第一劫。其中包括第一住心至第五住心。

③復次以下明示第二劫。首先明示第六住心。

④如是以下明示第七住心。即在第二劫中，包含第六住心及第七住心，戒惕心中莫執著無我。

⑤真言門以下相當於第三劫。在第三劫之文句中明示第六、九、十住心。真言門之菩薩行，是從三劫後，即十地中初地位開始。然而此十地與顯教的十地相異，是於無占階無惑位上假立的差別位。

⑥信解行地　此為無惑十地，然此十地是密教獨特之說法，不同於顯教所說之十地。

淹留修行，拔業煩惱株杌，無明種子生十二因緣，離建立
宗等，如是湛寂，一切外道所不能知，先佛宣說，離一切
過。秘密主！彼出世間心住蘊中，有如是慧隨生，若於蘊
等發起離著，當觀察聚沫、浮泡、芭蕉、陽焰、幻等而得
解脫。謂蘊①、處、界、能執、所執皆離法性，如是證寂
然界，是名出世間心。秘密主！彼離違順八心相續業煩惱
網，是超越一劫②瑜祇行。

　　復次③，秘密主！大乘行發無緣乘心法無我性。何以
故？如彼往昔如是修行者，觀察蘊阿賴耶，知自性如幻、
陽焰、影、響、旋火輪、乾闥婆城。秘密主！彼如是④捨
無我，心主自在，覺自心本不生。何以故？秘密主！心前
後際不可得故，如是知自心性。是超越二劫瑜祇行。

　　復次，秘密主！真言門⑤修行菩薩行諸菩薩，無量無
數百千俱胝那庾多劫，積集無量功德智慧，具修諸行無量
智慧方便皆悉成就，天人世間之所歸依，出過一切聲聞、
辟支佛地，釋提桓因等親近敬禮。所謂空性、離於根境、
無相、無境界、越諸戲論、等虛空無邊一切佛法依此相續
生，離有爲、無爲界，離諸造作，離眼、耳、鼻、舌、
身、意，極無自性心生。

　　秘密主！如是初心，佛說成佛因故，於業煩惱解脫，
而業煩惱具依，世間宗奉常應供養。復次，秘密主！信解
行地⑥觀察三心，無量波羅蜜多慧觀四攝法。信解地無

247

Vairocana
大日如來

• 四印會

①四分之一　上中下三方便及上上方便為四方便，上上方便即指佛果。

②度於信解　度脫信解行地，超出之意。

③以下明示六無畏。

④十緣生句　明示除迷執觀門。真言行者，於修行時顯現悉地現前之種種
相，此等悉皆妄想所見之心相。作此十喻觀，空去妄情所見相，依此十喻
觀，得除去種種障難。

⑤牟呼栗多（muhurta）　須臾，一會兒。

對、無量、不思議,建立十心無邊智生,我一切諸有所說皆依此而得,是故智者當思惟此一切智信解地,復越一劫昇住此地,此四分之一①度於信解②。」

爾時,執金剛秘密主白佛言:「世尊!願救世者演說心相。菩薩有幾種得無畏處?」

如是說已,摩訶毘盧遮那世尊告金剛手言:「諦聽!極善思念。秘密主!彼愚童凡夫修諸善業害不善業,當得善無畏③;若如實知我,當得身無畏;若於取蘊所集我身,捨自色像觀,當得無我無畏;若害蘊住法攀緣,當得法無畏;若害法住無緣,當得法無我無畏;若復一切蘊界能執所執、我壽命等,及法無緣空,自性無性,此空智生,當得一切法自性平等無畏。

秘密主!若真言門修菩薩行諸菩薩,深修觀察十緣生句④,當於真言行通達作證。云何為十?謂如幻、陽焰、夢、影、乾闥婆城、響、水月、浮泡、虛空華、旋火輪。秘密主!彼真言門修菩薩行諸菩薩,當如是觀察。

云何為幻?謂如咒術、藥力,能造所造種種色像,惑自眼故見希有事,展轉相生往來十方,然彼非去、非不去。何以故?本性淨故。如是真言幻,持誦成就能生一切。復次,秘密主!陽焰性空,彼依世人妄想成立有所談議,如是真言想唯是假名。

復次,秘密主!如夢中所見,晝日牟呼栗多⑤,剎那

Vairocana
大日如來

• 理趣會

①刹那（kṣaṇa）　一念時之義，謂一彈指間有九百刹那。

②乾闥婆城（andharva）　即蜃樓，喻無自性的存在。

①、歲時等住，種種異類受諸苦樂，覺已都無所見，如是夢真言行應知亦爾。復次，秘密主！以影喻解了真言，能發悉地，如面緣於鏡而現面像，彼真言悉地當如是知。復次，秘密主！以乾闥婆城②譬，解了成就悉地宮。復次，秘密主！以響喻解了真言聲，如緣聲有響，彼真言者當如是解。

　　復次，秘密主！如因月出故，照於淨水而現月影像，如是真言水月喻，彼持明者當如是說。復次，秘密主！如天降雨生泡，彼真言悉地種種變化當知亦爾。復次，秘密主！如空中無眾生、無壽命，彼作者不可得，以心迷亂故，而生如是種種妄見。復次，秘密主！譬如火爐，若人執持在手，而以旋轉空中，有輪像生。

　　秘密主！應如是了知大乘句、心句、無等等句、必定句、正等覺句、漸次大乘生句，當得具足法財，出生種種工巧大智，如實遍知一切心想。」

阿彌陀佛
平安吉祥

A m i t ā b h a

阿彌陀佛護佑我們脫離恐懼憂惱，
使慈悲心、智慧增長、長壽安樂。
若能心存善念，誠心誦持阿彌陀佛名號，
多作善行，不僅可以讓我們運途順暢，
求福得福，一切善願皆能如意。

藥師佛
消災延壽

【附藥師咒教唸CD】
（梵音、藏音）

B h a i s a j y a - g u r u

藥師佛能護佑我們脫離各種疾病的痛苦，
使身體健康，壽命延長，遠離生命的災難、障礙、
最重要的是幫助我們去除病苦的根源——
心的根本煩惱，最終得到究竟的安樂。

地藏菩薩
大願守護主

K s i g a r b h a

守護我們遠離一切憂愁苦惱。

得到天龍八部的護念，功德日增。

菩提不退，衣食豐足。

疾疫不臨，遠離災障。

無盜賊厄，人人敬愛。

所求皆得，眷屬和樂。

得聰明利根，端正相好。

準提菩薩
滿願守護主

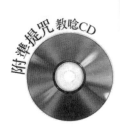

附 準提咒 教唸CD

Cundi

準提菩薩守護我們豐饒財富

隨心所求,皆得滿足

增長福德智慧,並得諸佛庇護

儀容端正,言音威肅

祈求聰明,辯論勝利

夫婦敬愛,求得子嗣

治療疾病,延長壽命

滅除罪業,遠離惡鬼劫難

守護佛菩薩4

《大日如來－密教之主》

編　　者　全佛編輯部
插　　畫　明　星
執行編輯　吳霈媜
美術設計　Mindy 大幻設計
封面設計　張士勇工作室
出　　版　全佛文化事業有限公司
　　　　　永久信箱：台北郵政26-341號信箱
　　　　　訂購專線：（02）2913-2199　傳真專線：（02）2913-3693
　　　　　發行專線：（02）2219-0898
　　　　　匯款帳號：3199717004240 合作金庫銀行大坪林分行
　　　　　戶　　名：全佛文化事業有限公司
　　　　　E-mail：buddhall@ms7.hinet.net
　　　　　http://www.buddhall.com
門　　市　新北市新店區民權路95號4樓之1（江陵金融大樓）
　　　　　門市專線：（02）2219-8189
行銷代理　紅螞蟻圖書有限公司
　　　　　台北市內湖區舊宗路二段121巷19號（紅螞蟻資訊大樓）
　　　　　電話：（02）2795-3656　　傳真：（02）2795-4100

初　　版　2001年08月
初版四刷　2014年01月
定　　價　新台幣250元
ISBN　978-957-2031-03-2（平裝）

國家圖書館出版品預行編目資料

大日如來/ 全佛編輯部作.-- 初版. --
[臺北市]：全佛文化, 2001[民90]
　面；　公分. －（守護佛菩薩系列：4）

　ISBN 978-957-2031-03-2(平裝)

1.密宗
226.91　　　　　　　　　　90009395